始 于 一 页 ， 抵 达 世 界

美国的

1890—
1900

帝国定型

徐弃郁

著

GUANGXI NORMAL UNIVERSITY PRESS

广西师范大学出版社

·桂林·

**图书在版编目(CIP)数据**

帝国定型：美国的1890—1900 / 徐弃郁著. -- 桂林：广西师范大学出版社, 2022.9

ISBN 978-7-5598-5164-2

Ⅰ.①帝… Ⅱ.①徐… Ⅲ.①美国－历史－研究－1890-1900 Ⅳ.①K712.4②K712.5

中国版本图书馆CIP数据核字(2022)第121825号

DIGUODINGXING: MEIGUODE 1890—1900
帝国定型：美国的1890—1900

作　　者：徐弃郁
责任编辑：谭宇墨凡
特约编辑：夏明浩
装帧设计：陈威伸
内文制作：燕　红

广西师范大学出版社出版发行

　广西桂林市五里店路9号　邮政编码：541004
　网址：www.bbtpress.com
出 版 人：黄轩庄
全国新华书店经销

发行热线：010-64284815

北京九天鸿程印刷有限责任公司印刷

开本：880mm×1230mm　1/32

印张：7.75　　　字数：137千字

2022年9月第1版　2022年9月第1次印刷

定价：58.00元

如发现印装质量问题，影响阅读，请与出版社发行部门联系调换。

# 再版序言

　　作为一个从事战略研究的中国学者，我对大国崛起这个主题的兴趣一直强烈。《帝国定型》是这一研究过程的第二次"产出"。当时写这本书的初衷，是想挖掘一下美国这个超级大国在崛起过程中一些不易为人关注的底层逻辑，同时以一种相对简明、好读的方式呈现给读者。出版后从读者朋友的反馈来看，这一目标算是勉强实现。

　　本以为书出了，这项工作也就自然结束。没想到2022年，此书初版的负责人范新老师突然告诉我，说准备再版这书，命我写一篇再版序言。听到这消息，我当然高兴，但也有一丝惶恐。毕竟，这是八年前出版的老书了。要知道在八年前，中美贸易战、中美技术脱钩还属于不可想象的事情，距美国方面第一篇鼓吹中美脱钩的大报告面世也还有一年时间。对照之下，现在的国际环境可以说发生了

"断裂式"的变化。如此，书中内容还能引起人的共鸣吗？

这个问题我自己肯定没法回答。

不过细细地捋一下这几年的国际形势，会发现在巨大的变化之下，有几点基本现实还是可以站得住脚的：

第一，美国的霸权正在衰落，但它现在仍然是世界上最强大的国家，也是唯一有能力对我们造成全局性影响的国家。对这样一个对手，我们的研究不是多了，而是不够。

第二，中国的崛起仍然是进行式，而不是完成式。对于古今中外的经验教训，借鉴仍然必要。

第三，中美关系可能进入一个危机频发期或者说高度脆弱期。从历史上看，大国崛起到一定程度，与守成大国的关系往往趋于紧张，进入一个危机常态化的阶段。从崛起大国的角度来看，这个阶段最为关键，同时风险也最大。8月初台海发生的事情及其后续表明，我们正处于这样一个高风险阶段，有些问题上的僵局已经越来越明显，"破局思考"的紧迫性前所未有。

我想，只要上面这三点能成立，那么《帝国定型》除了管窥历史之外，应该还能提供一点现实意义。不过，这些只是作者所想。新的背景下此书究竟价值如何，还得由读者去评判。

徐弃郁

2022 年 8 月 8 日于北京

# 目　录

第一章

# "边疆关闭"：危机与出路

对美国来说，1890 年承载着诸多象征意义。一方面，美国工业产值在这一年首次跃居世界第一，未来称雄世界的物质基础俨然成形；另一方面，人口普查局总监则宣布，一个世纪以来一直为美国人提供无限机遇的西部"边疆地带"已不复存在，暗示着美国将面临空前的压力和风险。就在这样的二元张力之下，美国崛起的关键十年拉开了序幕。

## 增长与危机

19 世纪下半叶是美国经济发展的一个黄金时期。内战结束后，美国国内市场实现了进一步整合与扩大，新的企业模式迅速发展，第二次工业革命的浪潮又及时来到。多种因素的幸运结合，使美国的经济实力快速赶超了英法等老牌欧洲大国，并把同样新近崛起的德国抛在了后面。

在农业方面，美国得天独厚的自然条件被一场轰轰烈烈的西进运动所激发。内战以后，东部地区的大批人口潮水般涌向密西西比河以西地区进行垦荒拓殖，广袤的西部大平原被开发为大规模农场，并以资本主义的方式运营起来，推动了美国农业的腾飞。1866 年到 1900 年，美国虽然经历了快速的工业化和城市化，但全国耕地面积仍然实现了大幅增长，由 4.07 亿英亩（约 1.65 亿公顷）增加到 8.79 亿英亩（约 3.56 亿公顷）。[1] 农产品产值也从 22 亿美元增加到 58 亿美元。小麦等农产品还出现了大量剩余，很快成为美国出口贸易的主要产品。到 1875 年，仅小麦和棉花两项的出口就达 2.51 亿美元，占出口总额的 43%，到 1881 年这两项更是达到 4.16 亿美元，占出口总额的 47%。[2] 就在这一阶段，美国牢牢奠定了世界农业出口第一大国的地位。

美国在工业上的发展更令人瞩目。以当时衡量工业能力最重要的指标——钢为例，美国 1875 年的钢产量不足 40 万吨；1880 年为 130 万吨，与英国并列世界第一；1890 年为 430 万吨，超过位居第二的英国约 20%；1900 年则

---

1　转引自杨生茂、刘绪贻主编《美国内战与镀金时代 1861—19 世纪末》，北京：人民出版社，1990 年，第 100 页。

2　Charles S. Campbell, *The Transformation of American Foreign Relations: 1865–1900*, New York: Harper & Row Publishers, 1976, pp.141–142.

达到 1000 万吨，超过位居第二的德国近 50%。[1] 美国钢产量的激增与铁路的大规模铺设正好形成了供需双方的相互促进。在 1869 年到 1893 年间，美国先后建成了五条横贯大陆的铁路线，铁路建设成为国产钢铁的主要消费市场，1875 年铁路建设消耗的钢甚至占到国内钢消费的一半以上。[2] 而全国性铁路网的建成又为工业扩张提供了良好的基础设施，刺激了国内市场的进一步发育，带动了其他领域部门的连锁反应。随着机械制造业、石油工业、交通业和通讯业等关键领域的快速发展，美国很快在全国范围内建立起了完整的现代工业体系，并形成了较好的区域布局。1890 年，美国的工业产值已经跃居世界第一。这种工业扩张的速度、深度和规模都是空前的。

　　然而，美国非比寻常的经济扩张背后，也酝酿着非比寻常的经济危机。当生产能力在第二次工业革命和现代企业制度的推动下突飞猛进的时候，美国的社会结构却决定了国内需求难以出现质的飞跃，从而使经济上升周期的逆转变得不可避免。1890 年前后，美国的经济增长已经显出疲态，超量的农业生产使农产品价格普遍下跌，由此引发了中西部农民的还贷问题，广大农业区开始出现骚动。更

---

1　［英］A. J. P. 泰勒：《争夺欧洲霸权的斗争 1848—1918》，沈苏儒译，北京：商务印书馆，1987 年，第 13 页。

2　Walter LaFeber, *The New Empire: An Interpretation of American Expansion 1860–1898*, Ithaca, N.Y.: Cornell University Press, 1963, p.13.

重要的是，随着五条横贯大陆铁路线的建成，大规模铁路
建设也接近尾声，引起钢铁工业产能的大量过剩，筑路工
人和钢铁工人的失业率迅速增长。从全国来看，工人平均
工资从 1890 年开始显著下降，大规模罢工的次数明显增多。
更重要的是，由于农产品价格下跌和大批农场破产，原先
象征着无限机会的西部"边疆地带"的吸引力也在减弱，
向西部移民的人数明显减少。在这种情况下，美国国内越
来越多的人意识到，他们引以为豪的巨大生产能力已经远
远超出了国内消费的需求，并且开始引发严重的经济和社
会问题。美国国内的焦虑情绪开始逐渐上升，有些人指出，
"美利坚共和国的青年时代已经过去了，伴随着负担、困
难和焦虑的成熟期到来了"[1]。

　　真正的危机在 1893 年到来。1893 年 5 月，美国发生
了有史以来最严重的经济危机，产能过剩与国内消费不足
的矛盾集中爆发。完成横跨大陆铁路线的两大巨型铁路公
司——北太平洋铁路公司和联合太平洋铁路公司先后宣告
破产。象征"美国天才"的发明家托马斯·爱迪生也被迫
解雇其公司近 70% 的员工，抱怨美国"变成了一个全国性
的疯人院"[2]。更重要的是，以往发生危机时，美国可以采取
向欧洲超量出口农产品的办法来加以摆脱，但 1893 年欧洲

---

1　Robert Bruce, *1877: Years of Violence*, Indianapolis: Bobbs-Merrill, 1959, p.312.

2　R. Hal Williams, *Years of Decision: American Politics in The 1890s*, New York: John Wiley & Sons, 1978, pp.76–77.

的粮食丰收，所以这一传统战略根本无从实施，从而进一步加大了危机的冲击力度，美国经济由此出现前所未有的大衰退。到了年底，美国破产银行达 624 家，破产总额近 3.5 亿美元，联邦黄金储备则仅剩余 7000 万美元。失业人口也急剧增加。到 1893 年底，119 个城市中的失业工人已达 300 万人。[1]1894 年春，西部地区一些失业工人集结起来前往华盛顿请愿，比较著名的有俄亥俄州商人考克西（Jacob Coxey）率领的"饥饿大军"和失业铁路工人组成的"霍根大军"（Hogan's Army）。这种自西向东的运动对美国人来说极具象征意义，这表示一度代表着无限机会的西部"边疆地带"不再吸引大规模的劳动力，而是开始排斥他们。美国一个世纪以来的人口流动方向似乎正在发生逆转，"边疆关闭"的问题越来越突出了。

尤其令美国上层社会恐惧的是，危机催动了工人运动的迅猛发展，而且其社会主义的色彩越来越重。本来，美国工人在政治上一直以保守著称，像"劳工骑士团""劳联"等主要工会组织都持改良主义立场，这一点曾经让恩格斯感到惊奇。[2]而美国人自己则相信美国的民主制度可以有效地缓解劳工阶层的不满并避免社会主义革命，用马克斯·韦

---

1　转引自杨生茂、刘绪贻主编《美国内战与镀金时代 1861—19 世纪末》，第 189、243 页。

2　《恩格斯致弗里德里希·阿道夫·左尔格（1890 年 2 月 8 日）》，见《马克思恩格斯全集》第 37 卷，北京：人民出版社，1971 年，第 349 页。

伯的话来说，就是工人可以"向他们官僚吐唾沫"，而不是像在德国那样"被官僚阶层吐唾沫"。[1] 但1893年的危机似乎使这些社会和政治调节功能都失灵了。1894年5月，普尔曼铁路工人举行罢工，这一美国历史上规模空前的大罢工使整个西部的铁路运输陷于瘫痪。各种罢工和骚乱扩展到美国全国各地，有的刊物甚至称整个加利福尼亚州都"落入了奥克兰、萨克拉门托和洛杉矶的暴民之手，而奉命执法的国民军也放下武器，站到了暴民一边"[2]。在很多人看来，美国当时就像进入了国内革命的前夜，军队取消军官休假，处于全面戒备状态。1894年7月，联邦政府派遣军队进入普尔曼铁路工人罢工的中心区——芝加哥，与当地政府的民兵和警察共同镇压了罢工，造成较大规模的流血事件。这种公开使用军队对付社会问题的做法马上引起了另一种恐惧。在不少美国人看来，政府的强力镇压手段虽然可以暂时平息事态，但其本身的危险性和危害性丝毫不亚于大规模罢工和社会骚乱。很多人担心，这种做法开启了政府在国内政治中动用军队的危险先例。如果社会持续动荡，政府又不断采取这种做法的话，那么政府的权力将越来越不受限制并形成中央集权，从而终结由美国开国

---

1  ［德］马克斯·韦伯：《经济与社会》下卷，林荣远译，北京：商务印书馆，1998年，第776页。

2  Warren I. Cohen (ed.), *The Cambridge History of American Foreign Relations*, vol.2, Cambridge: Cambridge University Press, 1993, p.104.

元勋们按权力制衡和民主原则建立起来的政治体制。[1]

由此，经济危机和社会危机又引起了更深层次的危机——对美国政治体制的怀疑。上层社会的一些人开始担心，一个多世纪前制定的民主宪政能否适用于一个工业化的、领土大大扩展了的现代美国。1893 年出任克利夫兰政府国务卿的沃尔特·昆廷·格雷沙姆（Walter Quintin Gresham）早先就在一封信中写道："我们的国父们在关于民治政府的问题上走得太远了……民主现在是法律、秩序和社会本身的敌人，这样的民主应该被取消。"[2] 到 1894 年，随着危机与骚乱的蔓延，这种怀疑更深了。对美国来说，这可能比经济衰退和社会骚乱更危险，因为这种怀疑所动摇的是美国人长期以来最引以为豪的民主制度，是对美国核心价值观的信心。进入 19 世纪的最后十年，一向不关心国外事务的美国人也开始频繁谈论法国大革命中"雅各宾派的恐怖时期"和"罗马帝国的最后岁月"，仿佛要从中寻找一种历史类比。总体上看，历史学家理查德·霍夫施塔特的观点是站得住脚的，那就是 1890 年代的美国陷入了一种普遍的"心理危机"，整个社会处于恐慌和迷惘状态，

1　Warren I. Cohen (ed.), *The Cambridge History of American Foreign Relations*, vol.2, pp.106–107.

2　John Higham, *Strangers in the Land: Patterns of American Nativism, 1860–1925*, N.J.: New Brunswick, 1955, pp.31–32.

对未来的命运感到担忧。[1]

## 寻求出路：思想界

　　危机有时能倒逼出一个国家的潜能。实际上，早在 1893 年经济危机爆发之前，精英阶层已经看到了美国面临的危险并提出警告。危机爆发后，经济与社会的可怕动荡又进一步刺激了美国的精英阶层。美国知识界精英都在全力思考两个问题：一是美国为什么会陷入如此严重的经济和社会危机，二是怎么办。知识界的这种骚动使 19 世纪的最后十年成为美国思想史上的一个风云年代，并最终给美国指出了一个方向。从今天的角度来看，当时的观点也许有相当一部分需要进行批判，但必须承认，思想的力量在这一时代确实得到了充分展现，而思想、物质与机遇三者的结合则决定了美国此后的发展道路和模式，一定程度上也决定了美国今天的地位。

### 特纳的"边疆说"

　　对于 19 世纪的美国来说，广大西部地区的重要性是毋庸置疑的。然而，美国内战后三十年对西部的开发程度

---

1　Richard Hofstadter, *The Paranoid Style in American Politics and Other Essays*, New York: Alfred A. Knopf, 1965, pp.145–187.

超过了以往三百年的拓殖。到 1880 年代，似乎取之不尽的"自由土地"看上去很快要开拓完毕，一种恐慌情绪开始蔓延。这一问题也很快得到一些学者和社会人士的关注。比如约翰·霍普金斯大学的赫伯特·亚当斯（Herbert Baxter Adams）从 1880 年就开始探讨西部土地对美国发展的意义，1885 年约西亚·斯特朗（Josiah Strong）在他流传极广的小册子《我们的国家》中也谈到西部之于美国的重要性，以及西部自由土地耗尽可能带来的后果。[1] 但真正将这一问题上升到历史哲学高度，并将其与美国面临的危机和解决之道结合起来的，是历史学家弗雷德里克·杰克逊·特纳（Frederick Jackson Turner）。

特纳于 1861 年出生于美国威斯康星州。他所攻读博士学位的约翰·霍普金斯大学是美国历史学的重镇，但占主流的是所谓"生源说"，强调美国的欧洲渊源，注重从条顿—英国—美国这一种族和文化链条来研究和解释美国历史的发展轨迹。特纳则认为应从美国自身的环境、特质来研究历史，并逐步形成了自己的学术体系，与赫伯特·亚当斯等历史学权威拉开了距离。[2]1893 年 7 月 12 日，他在芝加

---

1 Lee Benson, "The Historical Background of Turner's Frontier Essay," *Agricultural History*, vol.25, no.2 (Apr. 1951), p.65.

2 Martin Ridge, "The Life of an Idea: The Significance of Frederick Jackson Turner's Frontier Thesis," Montana: *The Magazine of Western History*, vol.41, no.1 (Winter, 1991), pp.5–7.

哥召开的美国历史学会年会上宣读了《边疆在美国历史上的意义》一文，从而成为美国这一时期最重要、最具影响力的历史学家。

在这篇重要的论文中，特纳开篇即引用了美国人口普查局总监的简报："直到1880年，这个国家还有一个可供定居的边疆地带，但现在未定居地已经被各种孤立的定居点分割得支离破碎，已经谈不上有一条边疆地带了。"他紧接着指出，美国的历史很大程度上就是对广大西部进行开拓和殖民的历史，而"自由土地的存在及其不断后退，美国人定居点的不断西进，解释了美国的发展"。[1]他认为，美国的发展之所以与其他国家不一样，主要因为存在着一条不断西移的"边疆地带"。这一边疆的不断移动，使美国不是线性地从原始发展到文明、从农业发展到工业和城镇，而是周而复始地不断回到新的原始起点。"这种不断地重生，这种美国生活的流动性，这种伴随着机会的向西扩张，这种与原始社会的简单状态的不断接触，构成了主导美国特性的力量"，所以考察"美国历史的真正要点是在伟大的西部，而不是在大西洋沿岸"。[2]

接下来，特纳分别强调了边疆地带对美国民族特性和民主制度的重要推动作用。他认为，来自欧洲各国的移民

---

1　Frederick Jackson Turner, "The Significance of the Frontier in American History," in *The Significance of the Frontier in American History*, London: Penguin Books, 2008, p.1.

2　Ibid., p.2.

正是在不断向西拓殖的过程中，逐步淡化了自身的欧洲渊源并相互融合。而"文明与野蛮交界"的边疆地带是美国化最有效的地方："（西部的）荒野主宰着殖民者。它发现殖民者在穿着、行业、工具、交通方式和思想上都是一个欧洲人。它把他从火车里拉出来，放在桦木做的独木船里，把他文明的衣服扯去，换上猎装和莫卡辛软皮鞋。"[1]欧洲特性就这样被反复出现的原始环境打磨成简单、坚强而富有活力的美国特性。但特纳认为，西部最重要的意义还不在于此，而是在于推动美国民主制度的发展。在他看来，西部为开拓者提供了自由土地，使其形成一种重要的平等意识，而且地广人稀的环境助长了"憎恶管制，特别是任何直接管制"的个人主义，这种对个人自由的高度推崇从一开始就是美国民主制度诞生的催化剂。这些因素和西部地区的国家主义倾向结合起来，又使得原先小国寡民式的"杰斐逊民主"转变为门罗总统的共和主义和杰克逊总统的"平民民主"，最终成就了美国民主制度的发展和完善。[2]

在用史诗般的语言阐述了边疆地带对美国成长的重大意义后，论文的最后一段提出了"边疆消失"所带来的问题。其中直接涉及现实危机的，是美国不再有这样一片广

---

1 Frederick Jackson Turner, "The Significance of the Frontier in American History," p.4.

2 Ibid., pp.29–30.

阔的自由土地来吸纳美国人的能量，边疆地带作为美国人寻求机会、摆脱困境的"逃生口"不复存在，美国社会一个重要的"安全阀"消失了，开始面临不确定的未来。文章的结尾颇有一种启示录的色彩："现在，发现美洲四百年、在美国宪法下生活一百年后，边疆地带消失了。伴随它的消失，美国第一阶段的历史结束了。"[1]

这篇论文在美国的学界和社会上都激起了巨大反响。它的意义并不在于揭示了历史真相，而是在于用一种高度简化、直观的逻辑完成了对美国历史的重构，从而对美国整个社会心理产生了深刻影响。第一，"边疆说"强调了美国历史进程的自身特性，激发了美国人作为一个国家群体的自我意识；[2]第二，它指出了美国 1890 年代以后面临危机的根源，那就是边疆地带或者说是西部自由土地的消失。这一点虽然后来被证明并不符合客观事实，[3]但对当时的美

---

1　Frederick Jackson Turner, "The Significance of the Frontier in American History," p.38.

2　Tiziano Bonazzi, "Frederick Jackson Turner's Frontier Thesis and the Self-Consciousness of America," *Journal of American Studies*, vol.27, no.2 (Aug. 1993), pp.149-171.

3　实际上，特纳的"边疆说"在 1930 年代就遭到了一些历史学家系统的批驳，像 Benjamin F. Wright, George Wilson Pierson Jr., Fred A. Shannon 等人就从历史数据和事实分析出发，认为特纳在两个重要方面站不住脚：一是边疆地带对民主发展的促进作用并不大，而且这种作用并非美国所独有；二是西部或边疆地带吸引的劳动力只占全国劳动力的很小一部分，所以不可能起到所谓的社会"安全阀"作用。而另一些左派历史学家，如 Louis M. Hacker 等人则谴责特纳"伪造和想象"历史，掩盖工业革命和资本主义发展过程中各种危机的真正根源，故意抹杀阶级斗争。See Fred A. Shannon, "A Post-Mortem on the （转下页）

国来说却非常重要。在特纳的论文发表前后，美国已经有一些人将边疆消失和经济社会危机联系起来。像保守派刊物《贸易与金融编年史》就将西部经济的停滞归咎于"边疆关闭"，而在政治谱系的另一端，进步主义运动的著名人士哈维也指出："世界上的未开发地是穷苦人的逃生阀……现在世界上适合人类居住的未开发地已经没有了，审判马上就要到来了。"[1] 特纳的论文正好印证了这种直观感受，因而引起了极大的社会共鸣。西奥多·罗斯福在给特纳的信中写得很清楚："我认为您已经把人们模模糊糊意识到的一个想法以明确的形式表达了出来。"[2]

另外，特纳的"边疆说"也为美国摆脱危机提供了思路。按照他的逻辑，既然边疆关闭是美国一系列问题和危机的根源，那么合理的解决办法就是继续扩张以创造新的边疆

---

（接上页注）Labor-Safety-Valve Theory," *Agricultural History*, vol.19, no.1 (Jan. 1945), pp.31–37; George W. Pierson, "Recent Studies of Turner and the Frontier Doctrine," *The Mississippi Valley Historical Review*, vol.34, no.3 (Dec. 1947), pp.453–458; George Rogers Taylor (ed.), *The Turner Thesis: Concerning the Role of the Frontier in American History*, Boston: Heath, 1956; Ray Allen Billington (ed.), *The Frontier Thesis: Valid Interpretation of American History?* New York: Rinehart and Winston, 1966. 而像著名历史学家理查德·霍夫施塔特也认为，特纳的"边疆说"实际上是神化了美国的历史，满足了美国人的心理需求。See *Richard Hofstadter, The Progressive Historians: Turner, Beard, Parrington*, New York: Vintage Books, 1970.

1 Walter LaFeber, *The New Empire*, p.65.

2 Eltiy E. Morison, John M. Blum, et al, eds., *The Letters of Theodore Roosevelt*, Cambridge, Mass.: Harvard University Press, 1951, vol.1, p.363.

地带，以便为美国经济、社会和政治制度的发展提供必要的推动力。实际上，特纳本人也是这么提倡的。他在 1896 年《西部的问题》一文中明确指出："在将近三百年的时间里，美国人生活中的主要因素就是扩张。当美国人在太平洋沿岸定居并占据无主的土地时，这一扩张运动就走向停顿。（然而）称这种扩张的能量不再起作用将是一个鲁莽的预言。为了跨大洋运河，为了重建我们的海上力量，为在边远岛屿和邻近地区扩展美国的影响而采取有力的对外政策，正是这一运动将持续下去的表现。"[1]对多数美国人来说，特纳已经为美国社会的危机和问题找到了一个看得见、摸得着的根源，而他的这种解决办法更是简明有力，易于理解和接受。所以，在当时特定的历史条件下，特纳的"边疆说"实际上起到了某种社会动员的效果。美国越来越有意识地把继续扩张作为摆脱危机的基本思路。

## 马汉的"海权论"

然而，美国要继续扩张的话，还面临着扩张方向和扩张方式的问题。如果仍然沿用以往大陆领土扩张的模式，那么联邦制和民主政体很可能承载不了更多的领土和人口，不少人担心美国会重蹈"罗马帝国分崩离析"的覆辙。[2]

---

1　Frederick Jackson Turner, "The Significance of the Frontier in American History," p.1.

2　Warren I. Cohen (ed.), *The Cambridge History of American Foreign Relations*, vol.2, pp.106–107.

在这种情况下，马汉的"海权论"非常适时地指出了一个明确的扩张方向，也指出了一种新的扩张方式，从而为美国发展成一个不同于英法等欧洲殖民帝国的新型帝国做好了思想和理论的准备。

阿尔弗雷德·塞耶·马汉（Alfred Thayer Mahan）出生于1840年，从海军学院毕业后进入美国海军服役。他本人似乎不是一名优秀的海军指挥官，其指挥的舰艇曾多次发生碰撞事故，而且他偏好旧式风帆舰船，不喜欢新式的蒸汽铁甲舰，还一再逃避需要出海的工作岗位。马汉的过人之处是在历史研究和战略思维方面。1890年，他出版了第一部专著《海权对历史的影响：1660—1783》，将以往有关海权的各种分散理念综合为一套逻辑严密的哲学，从而奠定了他作为历史上最负盛名的海军史学家和海权思想家的地位。在马汉的思想体系中，海权与陆权的对比、海权的构成要素和夺取海上控制权的海军战略无疑是三大核心内容，也是马汉认为具有普遍适用性的。学者重点关注的也是这一部分。[1]但除此以外，他的思想还反映了很重的现实关怀或者说是美国关怀，海权论的逻辑起点与其说是

---

1 国内外对马汉的研究主要是从海上战略、大战略和地缘政治等角度进行的。马汉最受关注的著作也是他"海权的影响"四部曲，即《海权对历史的影响：1660—1783》（1890）、《海权对法国革命和法兰西帝国的影响：1793—1812》（1892）、《纳尔逊生平：大不列颠海权的体现》（1897）、《海权与1812年战争》（1905）。参见吴征宇《地理政治学与大战略》，北京：中国法制出版社，2012年，第25—55页。

对英国海军历史的归纳，不如说是对美国如何摆脱危机的思考。

对于美国 19 世纪末的危机和社会矛盾，马汉的认识远远超出了一个职业军人的视野。早在经济危机爆发之前，他就关注生产过剩和失业问题，认为美国所面临的实际上是保持强大生产体系的动力和社会稳定这两大任务。[1]1893年危机爆发后，他明确指出危机的核心问题是第二次工业革命造成的，是因为"通过生活水平的提高、财富和人口的增加来实现的国内消费的增长，跟不上蒸汽机带来的生产的增长"[2]。可以说，在他的思想体系中，生产始终被放在一个关键位置，或者说是逻辑起点。[3]1890 年出版的《海权对历史的影响：1660—1783》实际上就暗含了一个前提，即美国已经建立起了强大的工业体系，而且生产正在迅速过剩。书中在构建海权理论时，生产又被作为"构成海权三个环节"中的第一环节："生产，是交换产品所必需的；海运，用来实施交换；殖民地，为海运活动提供便利和促进，

---

1  Walter LaFeber, "A Note on the 'Mercantilistic Imperialism' of Alfred Thayer Mahan," *The Mississippi Valley Historical Review*, vol.48, no.4 (Mar. 1962), p.678.

2  A. T. Mahan, "The Twentieth Century Outlook," *The Interest of America in Sea Power, Present and Future*, Boston: Little, Brown, 1898, pp.220–222.

3  有学者甚至认为马汉的理论体系实际上是以一种简单化的亚当·斯密学说为基础的。See Robert Love, *History of the U.S. Navy 1775–1941*, vol.1, Harrisburg, P.A.: Stackpole Books, 1992, p.369.

并通过增加安全据点来提供保护。"[1] 而分析美国如何"从历史教训中得出适用本国和行政部门的结论"时，他首先强调的也是美国的生产能力：美国政府"从内战至今，一直有效地致力被称作海权链条中的第一环节。国内发展、大规模生产和与之相伴随的自给自足，是政府的目标，某种程度上也是政府努力的结果"。[2]

既然强大的生产能力是马汉的逻辑起点，那么合理的结果就是美国必须开拓海外市场，通过对外贸易来弥补国内消费能力的不足："不论愿意与否，美国人现在必须向外看。这是这个国家不断增长的生产的要求，也是不断上升的大众情绪的要求。"[3] 而在对外贸易方面，马汉又跳出了传统的重商主义窠臼，认为以高关税来保护国内市场并获得贸易顺差并不是美国追求的目标，更不是美国贸易扩张的形式。因为高关税"本质上是一种防御"，而厌恶防御、崇尚进攻的马汉主张更富于扩张性的自由贸易："互惠的不断增加的贸易自由是扩张的逻辑结果。"[4]

大规模的、扩张性的海外贸易又离不开对海洋的驾驭，所以马汉一反美国将海洋视为安全屏障的传统，指出海洋

1　A. T. Mahan, *The Influence of Sea Power upon History 1660–1783*, London: Sampson Low, Marston & Company, 1899, p.28.

2　Ibid., p.84.

3　A. T. Mahan, "The United States Looking Outward," pp.21–22.

4　Ibid., p.5.

"是人们通往四面八方的一条大道，或是一片宽阔的公有地"。在强调海上贸易线路的重要性时，马汉非常关注可能引发的国际争夺，并警告美国人，一旦在中美洲建成连接两洋的运河，"加勒比海将变成世界上主要的交通干线之一。大量贸易将通过此路线进行，并将其他大国，特别是欧洲国家的利益前所未有地拉到我国海岸地区……要像以往那样超然于国际纠纷就不那么容易了"。[1] 正是在这样的逻辑基础上，马汉提出了海权相对于陆权的优势、建立一支以主力舰为核心的舰队来控制海洋等一系列海权理论的核心部分。

　　到此，马汉的整个理论链条就非常完整了：首先是一个国家具备巨大的生产剩余产品（即马汉所说的用于交换的产品）的能力；其次，需要大规模地进行海外贸易，通过扩张性的贸易政策将本国的剩余产品销往国外市场；再次，贸易竞争不可避免地产生冲突，所以需要以海军和海外基地来实现对海洋的控制（Command of the Sea）。这样的一个理论体系对于当时的美国来说可谓恰逢其时。当美国人因边疆消失而惶恐的时候，马汉的理论指出了美国应开拓新的、海上的边疆，从而通过新一轮的扩张来走出危机和困境。

　　很多资料强调马汉是一个狂热的扩张主义者，但他主

---

1　A. T. Mahan, *The Influence of Sea Power upon History 1660–1783*, p.25.

张的扩张与历史上传统的领土扩张或殖民扩张并不相同。在他看来，美国所需要的扩张主要是贸易扩张，是对主要市场和广阔海洋的自由进入，而不是增加直接控制的领土。这一点突出表现在他对殖民地的看法上。英法等欧洲老牌殖民帝国（体现出传统的重商主义）将殖民地视为原材料来源、剩余产品市场和剩余人口的安置地，而马汉虽然将殖民地列为海权三大要素之一，但是将其功能一分为二：一是作为剩余产品的出口市场，二是作为商贸与船运的保护据点。其中，他真正看重的是第二种功能，特别是从1892年以后，他基本不再指望殖民地能吸收多少剩余产品，而是越来越将其作为海外战略基地，作为让美国的产品和影响力进入世界其他地区的"安全据点"和"跳板"。[1]在1898年美西战争后，马汉就反对吞并整个菲律宾，主张只吞并两个岛作为海军战略基地。这件事非常典型地反映了马汉在殖民地问题上的观点。

按照这种思路，美国无疑将变成一个帝国，但并不是历史上罗马帝国、中华帝国、阿拉伯帝国、蒙古帝国和俄罗斯帝国那种单纯幅员扩张所形成的帝国，也不是英法等欧洲国家那种建立在直接控制基础上的殖民帝国，而是一种新型的帝国。它以强大的生产能力和贸易能力为基础，

---

1　马汉在1892年11月5日给B. Clark的信件中明确表现了这种倾向。See Walter LaFeber, *The New Empire*, p.91.

要求其商品和影响力能够自由进入世界各地，同时尽可能地减少对海外领土的直接控制，以便节约政治和财政成本。用一句话归纳，美国作为一个国家是有边界的，作为帝国则是无边界的。这种帝国发展的逻辑正是无孔不入的资本的逻辑。

从影响上看，马汉的"海权论"及其蕴含的扩张主义思想似乎比特纳的"边疆说"更胜一筹，尤其是得到了当时美国精英阶层的热烈支持。其中，后来成为美国总统的西奥多·罗斯福就是马汉思想最主要的支持者和推广者。《海权对历史的影响：1660—1783》一书刚出版不久，罗斯福就在《大西洋评论》上发表书评，称赞马汉"开创了海军史撰写的崭新一派"。当马汉于 1892 年出版第二本著作——《海权对法国革命和法兰西帝国的影响：1793—1812》时，罗斯福又在《政治科学季刊》上发表书评，称马汉从"哲学的高度"来分析海权问题，从而引发了海军史研究的革命。[1] 马汉深交的另一个重要人物是参议员亨利·卡伯特·洛奇（Henry Cabot Lodge）。洛奇于 1895年进入美国参议院对外关系委员会，是世纪之交到"一战"后凡尔赛会议之间影响美国外交政策走向的关键人物之一。此外，马汉还与一大批上层人士交往甚密，包括

---

1　Peter Karsten, "The Nature of 'Influence': Roosevelt, Mahan and the Concept of Sea Power," *American Quarterly*, vol.23, no.4 (Oct. 1971), p.589.

1889—1893 年间任海军部长的本杰明·特雷西（Benjamin
F. Tracy）及其接任者希拉里·赫伯特（Hilary A. Herbert）、
1898 年任美国国务卿的海约翰（John Hay）、共和党的报业
大亨雷德 (Whitelaw Reid)、著名评论家亨利·亚当斯（Henry
Brooks Adams）、参议员贝弗里奇（Albert J. Beveridge）等
等。这些人都属于信奉海外扩张的帝国主义者，经常在华
盛顿聚会，实际形成了一个在美国上层推动海外扩张的精
英俱乐部。马汉的思想通过他们在美国权力高层广泛传播，
对美国外交和军事政策走向产生了深远的影响。

其他扩张主义思想

除了特纳与马汉，当时美国的思想界还有很多人鼓
吹海外扩张。如果仔细考察一下，这些扩张主义的主张和
思潮实际上是一种混合物，其中包括社会达尔文主义、新
教的加尔文主义、盎格鲁—撒克逊主义、美国的天定命运
说[1] 等。其中社会达尔文主义的影响更加突出一些。英国
人赫伯特·斯宾塞（Herbert Spencer）的社会达尔文主义
传入美国以后，很快形成了一股强大的思潮。美国的建国
历史和发展历史似乎很容易使美国人接受这种用"自然选
择""适者生存"来解释人类社会发展的说法。到 19 世纪

---

1 "天定命运说"本身就是一个概念模糊的混合物，与其说是一种主张或思想，
　不如说是一种情绪或情感。

末期，社会达尔文主义实际上成了很多人思考问题的一个出发点，或者说提供了一种语境，正如马汉指出的："'生存斗争''生存竞争'这些词是如此熟悉，以至于我们除非停下来思考，否则感觉不到它们的重要性。"[1]这种思潮无疑和美国 19 世纪末的海外扩张有很大的关联。不过社会达尔文主义，特别是其中一些代表人物，对美国具体扩张政策的影响还是值得商榷的。事实上，美国社会达尔文主义的一些旗手，像威廉·萨姆纳（William Graham Sumner）、爱德华·尤曼斯（Edward Youmans）、约翰·伯吉斯（John W. Burgess）和约翰·菲斯克（John Fiske）等人的思想是混合的、多面的。一些历史学家喜欢引用他们的话来证明社会达尔文主义对美国扩张的推动作用，比如菲斯克的论断："经过自然选择，美国已经成为胜出的国家，表明了适于生存的美国人自然地、合乎逻辑地应该统治弱者，即不适于生存的人。"[2]实际上，这些人虽然鼓吹物竞天择，但基本都不主张进行军事征服，反对美国推行一种好战的扩张政策。菲斯克本人就非常反对军事征服和军事扩张，认为美国的"天定命运"将体现在民主体制和工业文明的胜利上，而不是像历史上那些大帝国的军事征服，并认为"工业社会的创造性竞争"最终将取代以军事为主要手段的"毁

---

1　A. T. Mahan, "The United States Looking Outward," p.18.

2　转引自杨生茂、刘绪贻主编《美国内战与镀金时代 1861—19 世纪末》，第 356 页。

灭性竞争"。[1] 所以，美西战争前后就有不少著名的社会达尔文主义者站到了"反帝国主义"阵营，反对为古巴开战，也反对战后吞并菲律宾。

美国的一些宗教团体，尤其新教团体，也是扩张主义思潮的重要来源。19 世纪后期，美国严重的衰退和社会动荡好像进一步"激发"了新教传教士团体的扩张意识，很多宗教人士宣扬美国只有两个选择：要么扩张，要么衰落。他们将带有浓厚清教色彩的"山巅之国"[2]的概念进一步升级，将美国的海外扩张描述为上帝的意旨，并宣称美国的扩张即基督教在人间统治的扩大。[3] 其中，比较突出的代表就是美国新教牧师、"社会福音运动"创始人约西亚·斯特朗。他于 1847 年出生于美国伊利诺伊州，1871 年成为公理会牧师后，长年在美国西部传教，并一度担任"美国福音派联盟"的秘书长。斯特朗是非常"入世"的宗教人士，高度关注社会现实问题，较早地意识到了工业化和城市化

---

1 Richard Hofstadter, *Social Darwinism in American Thought 1860–1915*, Philadelphia: University of Pennsylvania Press, 1945, p.151.

2 该词源自《马太福音》中耶稣的山上宝训部分，其中提到基督教徒应作为世上的"盐和光"，将基督教比作建立在山巅的城市，其影响是旁人无法掩藏的。1630 年，约翰·温思罗普（Puritan John Winthrop）在前往北美殖民地的"阿尔贝拉"号船上向清教徒殖民者布道时，引用了这一称谓，称他们即将建立的国度将如同"山巅之城"，被世界所仰望。这一概念后来成为"美国例外论"的一个重要来源。

3 Ernest R. May, *American Imperialism: A Speculative Essay*, New York: Atheneum, 1968, p.193.

带来的一系列弊端，属于今天美国政治中非常活跃的基督
教右翼的早期代表。对于美国面临的危机与困境，他提出
的主要解决办法也是海外扩张，并且将其提到了基督教普
世观的高度。1885年出版的《我们的国家：可能的未来与
当前的危机》一书中，他开篇就强调，19世纪的最后几年
将是具有关键意义的时刻，基督教的前途就取决于美国在
这几年的发展，其重要性"仅次于耶稣诞生"，"很多人没
有意识到我们生活在一个极其重要的时代……美国这一代
人将深刻地影响，甚至在一定程度上决定人类未来几个世
纪的命运"。[1] 斯特朗还大力鼓吹盎格鲁—撒克逊民族的优
越地位，称其最能体现纯粹的基督教精神，因此"这一种
族注定要支配其他较弱的种族，同化他们，塑造他们……
直到将人类盎格鲁—撒克逊化"。[2] 同时他又指出，美国而
非英国才是盎格鲁—撒克逊民族真正的家园，这样就达到
了他逻辑的终点——美国的扩张意味着基督教精神在世界
上的普及，世界的未来将取决于美国的扩张是否成功："我
祈祷拯救美国不是为了美国自身，而是为了世界。"[3] 当然，
斯特朗并不是泛泛地鼓吹海外扩张。他与特纳、马汉等人
的想法类似，认为美国在西部土地开垦完毕后，应继续向

---

1  Josiah Strong, *Our Country: Its Possible Future and its Present Crisis*, New York: Bible House, Astor Place, 1885, p.1.

2  Josiah Strong, *The New Era*, New York: Baker and Taylor Company, 1893, p.80.

3  Josiah Strong, *Our Country*, pp.107–108.

西、向太平洋方向扩张。他提出，太平洋将是控制世界贸易的中心位置，其地位相当于发现新大陆之前的地中海，美国应在此部署足够的海军，占据重要的战略基地，争取使太平洋成为"盎格鲁—撒克逊之海"。[1] 斯特朗的著作虽然谈不上什么学术价值，其中的观点也比较驳杂，但他长年在普通民众中传教，其所写所言具有独特的"草根魅力"，能够直接深入民众并触动美国文化中深层的基督教（特别是新教）情怀。因此，他的书在当时的美国国内流传极广，并得到了西奥多·罗斯福、马汉等人的大力推荐。

当时著名的扩张主义思想家还包括布鲁克斯·亚当斯（Peter Chardon Brooks Adams）。他出自名门，是前文提到的著名评论家亨利·亚当斯的弟弟，祖父是美国第十任总统约翰·昆西·亚当斯，曾祖父是美国开国元勋、第三任总统约翰·亚当斯。他的核心观点是世界商业文明中心的兴衰存在着周期性的规律，从地理位置来看则是由东向西不断移动：先是从君士坦丁堡转移到威尼斯，再到荷兰的阿姆斯特丹，再到伦敦。他认为，伴随这种商业中心的西移，世界性帝国的中心也在不断西移，而未来世界的中心必将从英国西移到美国。针对美国本身的问题，他也从"历史法则"角度提出了几大建议：（1）美国必须通过加强生产

---

1　Josiah Strong, *Expansion: Under New-World Conditions*, New York: Baker and Taylor Company, 1900, p.163, pp.204–205.

和社会组织方面的效率来赢得国际竞争；（2）美国的扩张必须跨越太平洋，要控制亚洲以便为帝国的成长提供足够的"能量"；（3）需要一个具有勇武气概的领袖人物来领导美国进行这样的扩张。布鲁克斯·亚当斯对美国政界很有影响，在共和党内尤其受到重视。1897 年共和党的麦金莱政府上台后，他在政府中处于一个非常重要的地位，被人称为"先知"。而在美西战争前后，他又成为推动美国向西班牙开战的主要人物，和参议员亨利·卡伯特·洛奇、西奥多·罗斯福一起被称为战争年代的"三剑客"。[1]

　　从历史的角度来看，19 世纪的最后十年无疑是美国思想界最为活跃的时期之一。在严重的经济和社会危机面前，美国国内形形色色的思潮和社会"药方"层出不穷，而彼此之间的碰撞和汇集最终形成了一个基本的共识，那就是美国已经到了一个"历史性的转折关头"。在特纳、马汉、菲斯克和斯特朗等人的推动下，美国社会实际上完成了一次大规模的心理动员和观念更新。近一个世纪以来，美国所谓的"天定命运"一直鼓吹要将领土"扩展到整个北美大陆"，而此时整个国家的关注点却决定性地从美洲大陆转向了大洋。海外扩张，特别是海外贸易扩张，成为解决美国危机和困境的重要选择，成为一种新的"天定命运"。

---

1　Walter LaFeber, *The New Empire*, p.85.

## 寻求出路：决策层

美国思想界与整个社会精英阶层关系非常密切，其中的潮流变化不可避免地影响到国家的决策层。从1890年到1900年间，美国共经历了三届政府：共和党的哈里森政府（1889—1893）、民主党的克利夫兰政府（1893—1897）和共和党的麦金莱政府（1897—1901）。这几届政府的执政理念虽有差异，但对美国社会经济危机的认识和解决危机的思路是基本一致的，其各项具体政策在最终效果和影响上也指向一个大方向，那就是推行一种以贸易为主的海外扩张，建立一个不受边界限制的新型帝国。

在这三届政府中，哈里森政府和克利夫兰政府时期是确立这种大方向的主要阶段，麦金莱政府则属于进一步发展和"冲刺"的阶段。所以前两届政府中的一些认识与做法尤其值得一提。

### 哈里森政府

本杰明·哈里森原本属于共和党内部主张高关税的一派，认为美国需要用高关税来保护国内产业并创造尽可能多的贸易顺差。但上任不久，他敏锐地意识到现实的压力，在1890年底的年度咨文中就提出要致力开拓国外市场，特别是农产品市场。到1891年，他原先那些贸易保护主义的言辞已经全部消失了，转而鼓吹实行互惠关税。[1]相形之下，国务卿詹姆斯·布莱恩（James G. Blaine）在该问题上的立场则更为清晰和一贯，他认定美国必须走贸易扩张而不再是领土扩张之路。还在 1880 年代，他就指出："当欧洲列强持续扩大他们在亚洲和非洲的殖民地时，这个国家的特殊使命却是扩大与美洲国家的贸易。"出任哈里森政府的国务卿后，布莱恩在缅因州的一次讲话集中地反映了他的观点和施政路线："美国已经发展到这样一个地步，其主要的任务之一就是扩大对外贸易。在保护性政策之下我们已经发展出了大规模的生产能力，在很多领域超过了国内市场的需求……我们需要的是扩张。我指的是我们可以获利的、与其他国家的贸易扩张。我们不追求领土的兼并……与此同时，我认为如果不追求小皮特所说的贸易兼并，那我们将是不明智地自我满足。"最后他提到的"贸易兼并"实际上就是兼并那些对开展海外贸易至关重要的、面积较小的"要点地区"。在他看来，"值得兼并"的地方有三个：夏威夷、古巴和波多黎各，"都不在北美大陆上"。[2]

布莱恩还认为，政府应当积极推动商人们去实现这种扩张。在他看来，扩张的方向首先是南美国家："我们需要的是我们南方邻国的市场。我们需要从那里流向英国、法

---

1  Walter LaFeber, *The New Empire*, pp.104–105.

2  Ibid., p.105, 106, 110.

国、德国和其他国家的每年四亿美元的收入。当这些市场得到保障，我们的制造业将注入新的生命力，西部农民的产品也有了需求，罢工的理由和诱因及伴随的各种罪恶也将消失。"[1]然而，布莱恩绝不是一个就事论事的行政官员。他有着一种难能可贵的大视野和大思路，而且力图用一种全局性的制度设计来实现目标。这一特点集中体现在他所力推的泛美体系上。早在1881年任加菲尔德政府的国务卿时，布莱恩就试图召开泛美会议。1889年10月，他终于如愿以偿地主持了第一届泛美会议，共十七个拉美国家的代表出席。会上，布莱恩提出的主要议题涉及一系列的机制性安排，包括：建立关税同盟；实行货币同盟，统一用银币进行贸易结算；设立专利权保障体系；建立解决美洲国家争端的仲裁机构；等等。其中，布莱恩最看重关税同盟和国际仲裁机构两项，认为这些能够比较长远地促进美国"与所有美洲国家间的友好商业关系，极大增加美国的出口贸易"。[2]可以说，这种事先通过一套完整的制度设计来规划各利益方，并以此实现自身长远利益的做法，在某种程度上开创了历史先例，需要强大的实力基础、精细的利益计算和战略上的远见三者结合起来才有可能成功。

---

1　Warren I. Cohen (ed.), *The Cambridge History of American Foreign Relations*, vol.2, p.77.

2　Julius W. Pratt, *A History of United States Foreign Policy*, Prentice-Hall Inc., Englewood Cliffs, 1980, p.157.

虽然布莱恩这套设计中主要的机制性安排基本上都没能实现，[1]但泛美会议却第一次变成了现实，泛美主义也从此变成了美国主导下的、越来越机制化的活动。以历史的眼光来看，这恰恰是布莱恩所取得的最主要成果，也是美国第一次展现其用制度性设计来实现自身利益的偏好和能力。半个多世纪后，这种偏好与能力将成为美国霸权的主要特征之一。

## 克利夫兰政府

1893年格罗弗·克利夫兰出任总统时，正值美国大规模经济危机爆发，所以这届政府的四年任期基本上就是在全力寻求出路中度过的，可谓压力最集中，斗争也最激烈。也许正因为处于这种状态，政府中主要人物的立场和思路格外清晰，使一些关键性观点成为共识，又使共识成为政策。可以说，建立一个新型帝国最关键的政策方向，就是在这一时期确立下来的。

尤其值得一提的是先后出任国务卿的格雷沙姆和奥尔尼（Richard Olney）。这两个政治人物对于美国经济社会危机的认识，要比特纳等"知识分子"深刻得多。他们都不认同危机来源于"边疆关闭"的说法，认为危机是整个生

---

1　唯一的具体成果是在美国首都华盛顿设立了美洲共和国商务局，即后来的泛美联盟。

产和消费体系出了问题，与第二次工业革命息息相关。奥尔尼是从全球资本主义体系的角度来看待美国所面临的危机的。他在布朗大学的一次讲演中就指出，危机的原因是"深层次的、由来已久的"，不仅美国，而且"整个文明世界的工人都处于骚动之中"。格雷沙姆也是从全球角度来审视美国危机，认为问题的根源在于节省劳动力的机器使资本获得了前所未有的优势，劳资之间的平衡被彻底打破，而解决劳工问题的关键是如何对劳资双方的关系进行合理定位。他还与英国驻美大使庞斯富特（Julian Pauncefote）专门进行了探讨，认为危机的主要原因是"节约劳动力的机器"使"生产力的增长已经超过了世界的消费能力"。[1]基于这种认识，他们也得出了基本一致的解决办法，那就是全力开拓海外市场，为美国过剩的生产能力寻求出路。在当时，这种思路迅速成为工商界甚至整个美国社会的主流意见，大多数人都认为未来美国的工业将依赖海外市场，海外扩张是解决问题的关键出路。[2]

不过，通过海外贸易扩张来寻求出路又涉及两个重要问题：一是货币，二是关税。实际上，当时美国国内已经

---

[1] Warren I. Cohen (ed.), *The Cambridge History of American Foreign Relations*, vol.2, pp.104–105.

[2] 但事实上与他们的估计并不一致，后来海外市场在高峰时期消费的美国产品也仅占美国生产总量的 10% 左右。Julius. W. Pratt, *Expansionists of 1898:The Acquisition of Hawaii and the Spanish Islands*, Baltimore: Johns Hopkins Press, 1936, pp.252–253.

就这两个问题开展了一段时间的争论，而克利夫兰政府的立场对争论结果具有决定性影响。

在货币问题上，主要是金本位与银本位之争。当时美国有相当一部分人主张采取银本位制度，因为白银远比黄金便宜，政府可以大幅度扩大货币发行量，从而造成债务贬值，使危机中的大量债务人摆脱困境。这些"自由银币论者"（free silver）还有一个基本观点，那就是只要加大货币供应量，那么美国国内的购买力就会增加并消除生产过剩的危机，所以开拓海外市场并非特别重要。[1] 还有一些人则主张实行金银双本位制，[2] 表面上看这是一个"鱼和熊掌兼得"的选择，实际上其最终结果无疑会遵循"格雷欣法则"，即劣币驱逐良币，白银最终还是会取代黄金成为货币发行的依据，所以本质上双本位与银本位并无差异。不过，当时美国政府在货币问题上还有一种较强的道德自律。[3] 更重要的是，总统克利夫兰和其他内阁成员都非常坚定地认为，1893 年的危机是生产过剩而不是货币供应不足引起的，而美国要追求长远的海外贸易扩张，则必须选择一种

---

1　Charles S. Campbell, *The Transformation of American Foreign Relations*, p.143.

2　这一派中有一批权势人物，包括金融巨头 J. P. 摩根，参议员洛奇、布鲁克斯·亚当斯、托马斯·里德（Thomas B. Reed）等人。

3　有些历史学家认为其中有宗教因素，因为克利夫兰和前任总统哈里森都属于新教长老会，教义上就反对滥用信贷和债务。See Robert Kelley, *The Transatlantic Persuasion: The Liberal–Democratic Mind in the Age of Gladstone*, New York: Alfred A. Knopf, 1969, pp.316–317.

更具有信用的货币本位——金本位。克利夫兰政府中"金甲虫"（Goldbug，即强烈主张金本位的人）的主要代表之一财政部长约翰·卡莱尔（John G. Carlisle）在纽约商会的一次宴会讲演中非常清晰地阐明了货币信用与海外贸易的关系："我们的商业利益不局限于我们自己国家，而是扩展到全球每一个地方……这些交易商品的价格都是由实行金本位国家的市场确定下来的。"[1] 他还告诫，大量铸造银币在短期内可以减缓危机，但长远来看只能破坏美国货币的信用，从而危害美国的海外贸易。1893 年，克利夫兰政府部分废除了《谢尔曼购银法案》[2]，从而在 1890 年哈里森总统否决自由铸造银币提案后，进一步明确了美国在货币问题上的立场，向最后接受金本位制度迈进了一大步。

在关税问题上，则是高关税和低关税之争。实际上，哈里森政府就总体倾向于降低关税，而克利夫兰政府在关税问题上更加激进，明确主张全面取消保护性高关税政策。在发生严重经济危机的时刻，这种主张显得非同寻常。从其他国家，特别是欧洲大陆国家的做法来看，危机或衰退

---

1　Walter LaFeber, *The New Empire*, p.155.

2　哈里森政府否决了"自由银币者"主张的放开银币铸造，但作为妥协，同意了由参议院金融委员会主席、来自俄亥俄州的参议员约翰·谢尔曼发起的该法案。这一法案增加了要求政府每月购入的白银数量，从而增加市场上的美元数量并形成通胀，使债务人可以用更便宜的美元来偿还债务。所以，该法案实际上就是变相地以白银储备为标准向市场投放货币。另外，由于政府的货币同样可以兑换黄金，美元投放量的增加也造成政府黄金储备的减少。

时期国家总是倾向于用高关税来保护国内市场。比如 1873
年德意志帝国陷入经济衰退时，俾斯麦就采取了保护性关
税政策，并在国内形成了高关税的既得利益者同盟——"钢
铁与黑麦同盟"。而在克利夫兰政府的主要人物看来，高
关税本身就是危机产生的一个重要因素，因为其阻碍了美
国与其他国家之间的贸易。

国务卿格雷沙姆在这一点上的立场就非常鲜明。当时
总体上共和党赞成保护性关税，而民主党赞成低关税。格
雷沙姆原本是共和党的重要人物，但由于坚信低关税是解
决美国危机的出路，最终在 1892 年总统大选时采取了被他
自己称为"政治自杀"的行动，即转而支持民主党候选人
克利夫兰。他认为"目前的局势很大程度上是由我们的高
关税造成的……宾夕法尼亚州、俄亥俄州、印第安纳州、
伊利诺伊州及其以西部分地区所发生的事情，完全可以视
为革命的征兆"，而降低关税则"将降低制成品的成本，使
我国人民有能力在海外市场与英国展开竞争"。[1]

以总统克利夫兰为首的"低关税派"当然不是出于对
自由贸易的信仰才作如此主张。在他们的基本观点中，除
了认为低关税有助于扩展贸易，还包括了对一个重要事实
的认知，那就是美国正在从一个农产品出口大国转变为一

---

1   Warren I. Cohen (ed.), *The Cambridge History of American Foreign Relations*, vol.2,
     pp.104–105.

个工业制成品出口大国，未来国家的力量在工业而不在农业。他们指出，一方面，美国超大规模的农产品出口难以持续，因为美国国内人口在增长而可开垦土地在减少，同时还将面临来自俄国、阿根廷等国的农产品竞争；另一方面，美国的制造业发展异常迅速并出现了大量过剩，因而"长期来看美国将变成制成品的出口国而不是进口国"。[1]在这种情况下，克利夫兰政府主张降低关税特别是原材料关税，实际上就意味着准备牺牲同样生产棉花、羊毛等原料的中西部农业人口，而去成就纺织业等制造工业的大规模出口。换言之，就是牺牲农业来成就工业。

总的来看，从哈里森政府到克利夫兰政府，美国对海外贸易扩张这一大方向的认识经历了一个不断深化的过程，反映出美国整个生产体系升级和转型的要求。这种认识，或者说共识，是美国政府、思想界和工商界三方互动的结果，对美国在1890—1900年间的崛起与扩张提供了非常明确的指向，同时也为政策的波动提供了一种观念上的约束。在19世纪的最后十年中，美国的政策方向一直没有出现大的偏离，这种共识的作用应该最为关键，也最具基础性。

---

1 F. W. Taussig, "The Mckinley Tarriff," *The Economic Journal*, vol.1, no.2 (Jun. 1891), pp.331–332.

第二章

# 关税、海军与外交

美国的政策往往不会很复杂，也不需要很复杂。

1890 年以后，美国推行海外扩张（尤其是贸易扩张）以摆脱危机的大方向逐步明确。它在具体政策上则表现为三条主线：一是降低关税，二是加强海军，三是外交政策的转变。这三者将共同支撑一个新型的"无界帝国"。

## 改革关税之战

在三条主线中，降低关税涉及国内利益最多，受到国内政治斗争的影响也最大，过程也最为曲折。

1890 年以后，虽然美国政府总体上倾向于降低关税以扩大海外贸易（见第一章），但在哪些进口商品的关税应该降、降多少等具体问题上，共和党与民主党之间存在尖锐的分歧。总体上看，共和党更倾向于维持内战后建立起来的保护性高关税，只对部分商品的关税进行调整，而民主党则倾向于全面取消保护性关税以推动自由贸易。这种分歧在很大程度上源于党派分界，而不是对关税问题本身的认识。当时一位著名人士就指出，美国绝大多数人"因为是共和党人才赞成保护性关税，而不是由于赞成保护性关税才成为共和党人"。[1] 从 1880 年代到 1890 年代，关税问题实际上是当时美国国内政治竞争的一个焦点，任何新关税法案的推出都会引起强烈反弹，并对发起法案的党派和主导人物造成很大的负面影响。[2]1890 年以后，涉及是否降低关税的法律包括两个：1890 年的《麦金莱关税法》和 1894 年的《威尔逊–戈尔曼关税法》。

## 麦金莱关税法：互惠型关税

哈里森政府上台后，共和党不仅控制了政府，也在国会参众两院占据了多数。在这种情况下，共和党开始力推自己的关税政策。1890 年 10 月，国会通过了一项新的关税法案。该法案因为正式报告由众议院筹款委员会主席威廉·麦金莱提出而得名，称为《麦金莱关税法》。

---

1   F. W. Taussig, "The McKinley Tarriff," p.329.

2   Robert P. Porter, "The Dingley Tariff Bill," *The North American Review*, vol.164, no.486 (May 1897), pp.576–577.

　　表面上看,《麦金莱关税法》保持了高关税的基本框架,许多重要产品的关税略有升降,调整幅度普遍较小。然而,该法包含着一些重要变化,反映出共和党在关税问题上实际已经偏离了传统意义上的保护主义路线,开始重视通过关税杠杆来促进美国海外贸易扩张。

　　首先,不少工业原料按照美国制造业的出口需求而征收不同的税率。以棉花为例,1890年法将进口棉花分为两大类:一类是用于制造衬衣等普通成衣的廉价、低质棉花;另一类是用于生产绣品、服饰花边的高质量棉花。其中,前一类棉花的关税显著下调,主要原因就是美国已经大量出口衬衣等中低端服装,下调此类关税将有利于降低出口成本,进一步发挥美国商品在海外市场的价格优势。而对于后一类棉花,美国的出口企业基本没有需求,因此课以重税,并且采取了复杂的价值累进关税,即价值越高课税越重。[1] 由此可以明显看出《麦金莱关税法》在推动美国制造业出口方面的考虑。

　　其次,该法创造性地提出了贸易互惠原则。这也是共和党内部力主贸易扩张的政要,特别是国务卿布莱恩努力的结果。[2]《麦金莱关税法》中的互惠条款规定,如果相关

---

1　F. W. Taussig, "The Mckinley Tarriff," pp.339–340.

2　在麦金莱作为众议院筹款委员会主席向众院提交正式报告并得到众院批准的整个过程中,关税法案都不包含互惠条款,由于国务卿布莱恩等力主贸易扩张的共和党政要的压力,共和党在递交参议院表决之前临时加上了互惠条款。See F. W. Taussig, *The Tariff History of the United States* (5th edition), New York: The Knickerbocker Press, 1910, p.172.

贸易伙伴国家降低美国商品，尤其是美国国内大量制造的廉价工业品和主要农产品的进口税，美国也将降低该国商品（主要是原材料）的进口税，其中原料糖、糖蜜、咖啡、茶叶、皮革等五种商品的关税将全免。但是，如果相应国家违反协定对美国商品增收关税，美国总统将有权对该国向美国出口的商品重新课以重税，其中对原料糖等五种免税商品补征的关税约为1890年之前关税的1.5倍。[1]

在上述两个变化中，互惠贸易条款的影响尤其大。一些历史学家认为，互惠体现了"20世纪大部分时间里美国贸易政策的一项核心原则"。[2]美国不仅从中获得了向其他国家市场倾销商品的捷径，而且获得了保障这条捷径的经济杠杆。一旦有贸易伙伴国在互惠问题上有所动摇，美国总统往往只需要威胁采取报复性关税就可以迫使其就范。到1892年时，美国已经与多个国家签署了互惠条约，包括英国（适用于牙买加、英属圭亚那等四个拉美和加勒比殖民地）、西班牙（适用于古巴和波多黎各）、巴西、尼加拉瓜、洪都拉斯、危地马拉、萨尔瓦多等。[3]从中可以看出，美国实施互惠贸易的目标指向非常明确，就是要占领中南美洲

---

1　F. W. Taussig, *The Tariff History of the United States* (5th edition), p.173.

2　Warren I. Cohen (ed.), *The Cambridge History of American Foreign Relations*, vol.2, p.77

3　美国与法国和德国也达成了有限的互惠协定，参见 F. W. Taussig, *The Tariff History of the United States* (5th edition), pp.174–175 注释部分。

和加勒比海地区的市场，促使拉美国家在经济上疏远欧洲并进入美国的战略轨道。

另外，互惠贸易还产生了重要的国际政治后果。在1890年《麦金莱关税法》的互惠条款中，原料糖免税的影响范围最广，程度最深。西班牙与美国签订互惠条约后，古巴向美国原料糖出口完全免税，造成古巴对美原料糖出口激增，总额从1891年的5400万美元上升到1893年的7900万美元，年增幅超过20%。[1]在巨大利益的驱动下，古巴的甘蔗种植等与原料糖出口相关的产业迅速扩张，基本成为古巴经济唯一的支柱。这样，古巴的形势客观上就完全受美国左右。美国钢铁大王安德鲁·卡内基当时就指出，由于古巴几乎所有阶层都卷入了向美国出售原料糖的"喧嚣"，该岛将很快为其宗主国西班牙带来"严重的麻烦和危险"。[2]事实正是如此。1894年美国废除贸易互惠条款后，古巴的经济迅速崩溃并引发革命，最终导致了1898年的美西战争。受到古巴向美国免税出口原料糖冲击的另一国家是夏威夷。夏威夷原先是美国原料糖的主要提供国，在《麦金莱关税法》使古巴原糖大量进入美国后，甘蔗种植和相关产业受到严重打击。夏威夷的种植园主本来就以鼓吹兼并夏威夷的美国人为主体，此时自然更加强烈地要求并入

---

1　Walter LaFeber, *The New Empire*, p.113.

2　Warren I. Cohen (ed.), *The Cambridge History of American Foreign Relations*, vol.2,
　　p.79.

美国以享受免税待遇。[1] 1893 年，这部分势力发动叛乱并推翻了夏威夷女王，为美国的海外扩张提供了良好机遇。所以，无论是否刻意设计，1890 年的互惠贸易条款在为美国提供更多经济权力的同时，客观上还使其拥有了强大的政治杠杆。

## 威尔逊—戈尔曼关税法：偏向自由贸易的关税

不过在以民主党人为主的低关税派看来，麦金莱法在关税方面的调整力度远远不够。1890 年 10 月《麦金莱关税法》生效后，仅过了一个月共和党就在国会选举中遭到惨败，要求进一步降低关税的民主党人在众议院占据了绝对优势。到 1892 年总统大选时，一直强调自由贸易的民主党候选人格罗弗·克利夫兰又以较大优势获胜。在这种情况下，低关税派就有条件在关税问题上发起一场激进的改革。

从 1892 年起，两党再度就是否应大幅下调关税展开了大论战。共和党坚持为《麦金莱关税法》辩护，称包含互惠条款的高关税既能打开国外市场，又能保护美国不受国外廉价劳动力冲击。然而民主党人进行了激烈反驳，一些主要政客专门发表文章，强调只有低关税才能帮助美国

---

1　Ernest R. May, *Imperial Democracy: The Emergence of America as a Great Power*, New York: Harper & Row, 1961, p.14.

制造业更有效地在国外市场开展竞争，还称《麦金莱关税法》是"虚假的互惠"。[1]1893 年经济危机爆发后，克利夫兰和多数民主党人在降低关税问题上更加激进，把降低关税，特别是免除多数原材料的进口税，作为摆脱危机、创造就业的重要途径。在 1893 年底的总统年度咨文中，克利夫兰明确宣布，美国劳工阶层的真正利益并不是在高关税造成的"狭小市场"中寻求保护，而是通过低关税提供更廉价的原材料和更广阔的市场来确保充分就业。[2]1894 年初，民主党推动低关税的两员大将——众议院民主党领袖威廉·威尔逊（William L. Wilson）和民主党参议员罗杰·米尔斯（Roger Q. Mills）再度发表文章进行宣传造势。除了继续强调降低原材料关税可以降低成本，从而加强美国产品在国际市场上的竞争力，这两人还专门回应了国内市场可能受到冲击的问题。威尔逊明确批驳了低关税会导致国内市场丢失的说法，声称如果一个国家的工业可以打开其他国家的市场，那它一定能守住本国的市场。[3]弥尔斯也指出，在面临危机时公众的第一想法往往是寻求保护，尤其

---

1　比如：George G. Vest, "The Real Issue," *The North American Review*, vol. 155, no.431 (Oct. 1892), pp.401–406; William L. Wilson, "The Republican Policy of Reciprocity," *The Forum* (Oct. 1892), pp.255–264。

2　Warren I. Cohen (ed.), *The Cambridge History of American Foreign Relations*, vol.2, pp.111–112.

3　William L. Wilson, "The Principle and Method of the New Tariff Bill," *The Forum* (Jan. 1894), p.546

是保护国内市场和劳工阶层免受大量进口商品的冲击，但真正的解决办法是进攻，是"打开大门让他们冲向每一个市场"。[1]

在论战的同时，民主党也迅速采取实际行动。1893年12月，民主党控制的众院筹款委员会向众议院提交了威尔逊—戈尔曼关税法草案。这一草案基本取消了互惠条款（因为低关税派认为互惠条款本质上也属于保护性关税的一部分），仅仅将汽油列入互惠贸易范畴。与此同时，草案还将一大批制造业所需的原材料列入完全免税范围，其中包括煤、木材、铁矿、原糖、棉花、羊毛、生丝、盐、皮革等340个类别。在这种情况下，美国平均进口税将下降18%。[2] 总体上看，这是一个相当激进的法案，体现出一种强烈的进取意识，或者说是进攻意识。在众议院围绕该法案的辩论中，低关税派同样体现了这股冲劲。一位进步党众议员指出，"边疆关闭"使美国正面临危机，但幸运的是，美国此时的经济实力已经超过了其他国家，因此"我们可以安全地拆除关税壁垒并通过市场竞争向世界挑战"。一位民主党众议员更是将低关税上升到了意识形态的层面："限制不是进步，自由才是进步，而自由贸易指出了美国人民

---

1  Roger Q. Mills, "The Wilson Bill," *The North American Review*, vol.158, no.447 (Feb. 1894), p.242.

2  Walter LaFeber, *The New Empire*, p.164.

实现天定命运的道路。"[1]

由于民主党在众议院占有绝对多数，草案于 1894 年 2 月 1 日即获众议院通过，且基本未作改动。不过在参议院，民主党的优势就很小，整个关税法案的批准过程掺杂了大量的党派因素和特定利益集团之间的较量，进展非常缓慢。按照美国国会的工作程序，草案需先递交参议院金融委员会，结果这一步就遇到很大阻力，直到 3 月 20 日才交由参议院讨论，参院的最后通过更是迟至 7 月 3 日。更重要的是，草案在批准过程中被迫进行了大幅度修改，原先 340 项的免税商品被砍得只剩下羊毛、原木和铜，多数商品的进口关税被重新调高。其中，糖的进口关税又一次作了大的调整。在众院递交的草案中，原料糖属于进口免税商品，成品糖一磅（约 0.45 千克）征税四分之一美分，但在参议院的较量中，由于糖业巨头们的公关工作和国家财政需求的考虑，最终的关税法案规定原料糖需征 40% 的关税，实际上是 1890 年《麦金莱关税法》之前税率的 1.5 倍。[2] 面对这种结局，总统克利夫兰自然非常愤怒，亲自给众院筹款委员会主席威尔逊写信，要求众议院抵制参议院对法案的修改，但未能成功。最终，克利夫兰作出让步，同意修改后的关税法案成为法律，但不在文件上签字，以示不满。

---

1　Walter LaFeber, *The New Empire*, p.167.

2　F. W. Taussig, *The Tariff History of the United States* (5th edition), pp.190–191.

经过这样一番变化，《威尔逊—戈尔曼关税法》的改革意义无疑大打折扣。当时就有专家指出，如果不是实现了羊毛进口免税，那么该法基本就没有触动整个保护性关税体系。[1] 然而从历史的角度来看，威尔逊本人称该法为"一个实质性的开端"[2] 还是有道理的，《威尔逊—戈尔曼关税法》仍然是美国向着撤销保护性关税方向迈出的重要一步。仅仅一年以后，美国的商品出口就出现了较大变化，例如羊毛进口免税使美国羊毛制成品的国际竞争力大增，其 1895年的出口总额比历史最高纪录都高出一倍多。与此同时，美国的整个出口贸易结构也在发生变化，《北美评论》上一篇题为《潮流转向》的文章就指出，美国制造业的出口已经超过了传统的农产品出口，工业产品将成为美国未来出口贸易的主要部分。[3] 面对这种发展趋势，《威尔逊—戈尔曼关税法》中所体现的理念显得越来越顺应潮流，美国在 1894 年以后对外贸易的持续增长更是证明了低关税的价值。不过从当时到现在，美国从未真正地支持或实施过自由贸易。就这方面的信念和行为而言，美国与霸权时期的英国存在较大不同。

当然，美国的保护性关税并不是马上放弃的。从《麦

1  F. W. Taussig, *The Tariff History of the United States* (5th edition), p.196.

2  R. Hal Williams, *Years of Decision*, p.93.

3  Worthington C. Ford, "The Turning of the Tide," *The North American Review*, vol.161, no.465 (Aug. 1895), pp.191–194.

金莱关税法》中的互惠条款到《威尔逊－戈尔曼关税法》，一系列降低关税的努力慢慢形成了一种累积效应，逐步克服了高关税带来的思维惯性和既得利益集团的阻碍，为美国大量廉价商品冲向国际市场起到了"开闸泄洪"般的效果。到 1890 年代中期，美国海外贸易扩张的强大势头已经不可逆转。

## 海军扩建

海外贸易扩张往往会刺激海军的发展。对美国来说，这一逻辑同样适用，但其真正起作用，却是在 1890 年以后。

### 1881—1889：海军力量复苏

从 1881 年到 1889 年这段时间内，美国已经开始重新发展海军力量，不过其主要动力并非来自海外利益拓展的需求，也不是为了应对某种现实威胁，而是因为海军的状况实在过于糟糕。南北战争结束后，美国海军的发展在十几年间基本处于停滞状态。随着老旧舰艇不断退役，到 1880 年美国只剩下四十八艘军舰，且基本已过时，维修费占用了大量经费，其总体实力排在世界第十二名，位于丹麦、中国和智利之后。在一些相对隐性的领域，比如人员队伍建设方面，美国海军同样问题严重。1880 年以前，海军基本没有完整的教育训练制度，现役军官大多超龄服役，晋升极为缓慢。水兵则多数从外国招募。一位美国海军舰长曾对其舰上的 128 名水兵进行调查，发现只有 47 名美国人，另有 21 名中国人、20 名爱尔兰人和 9 名英国人，其他人则来自另外 22 个国家。[1] 这种状况与美国国力的飞速发展形成鲜明的反差，最终刺激美国政府采取行动。

1881 年加菲尔德政府上台后，在威廉·亨特（William H. Hunt）和威廉·钱德勒（William Chandler）两位海军部长的推动下，美国的海军建设开始迈出实质性步伐。1882 年，海军情报部（ONI）成立，同时国会又通过法案，规定旧战舰的维修费不能超过建造新舰费用的 30%，从而在控制维修费用的同时加速了老旧战舰的淘汰速度。1883 年，美国开始建造"ABCD"四艘装甲舰，[2] 后来组成所谓的"白色分舰队"。次年，美国海军战争学院在纽波特一所废弃的济贫院成立，使美国海军逐步拥有了完整的教育训练体系，并促进了对海军战略战术的系统研究。1885 年克利夫兰政府上台后，来自纽约的银行家威廉·惠特尼（William C. Whitney）担任海军部长，美国海军建设的步伐迈得更大。在克利夫兰这一任期内，美国总共建造各类舰艇三十艘，

---

1　Nathan Miller, The U.S. Navy: *History* (3$^{rd}$ edition), Annapolis, Maryland: Naval Institute Press, 1997, p.144, p.146.

2　四艘舰分别以 A、B、C、D 为舰名首字母，其中防护巡洋舰三艘，即"亚特兰大"号（3189 吨）、"波士顿"号（3189 吨）、"芝加哥"号（4500 吨），通信快船一艘，即"海豚"号（1500 吨）。

总吨位约 10 万吨，其中包括两艘二级"海岸主力舰"，即"得克萨斯"号（6315 吨）和"缅因"号（6650 吨）。[1] 此外，国会还通过法律，规定海军造舰只能使用本国生产的钢铁，并将维修费占比下调至原造价的 20%，进一步加快了旧战舰的淘汰速度。这样，美国的海军建设开始初步展现一种全新的局面。

不过，1881—1889 年美国海军力量的重新发展存在很多问题。

从动力上看，它不是出于利益需求或是威胁判断，而是被海军糟糕的现状刺激出来的直觉反应，或者说是一种"和大国地位不相称"的模糊感觉。作为重建海军的主要鼓吹者之一，民主党参议员塞缪尔·马克西（Samuel B. Maxey）就一再强调"哪个没有强大海军的国家能成为一流强国"，美国用这种逻辑来决定发展某种战略能力无疑有悖于大战略的原则，也不可能给美国海军的发展提供什么明确方向。

从技术上看，这一时期属于混合期，海军中既有先进的蒸汽动力的钢制战舰，也有风帆动力的战舰，还有一些战舰则是风帆与蒸汽动力混用。最后一艘风帆与蒸汽动力混用的巡洋舰"纽沃特"号于 1885 年开始建造。这种状况

---

1　George W. Bear, *One Hundred Years of Sea Power: The U.S. Navy, 1890–1990*, Stanford, CA.: Stanford University Press, 1993, p.18.

自然影响到美国海军扩建的效果。在这一时期，美国新建的主要战舰在设计和建造方面都存在较多不足，像克利夫兰政府时期建造的"得克萨斯"号和"缅因"号海岸主力舰虽然被冠以"主力舰"的名字，但实际上其火力和航行距离都比较有限，并不能作为远洋决战的主力舰使用，其中"缅因"号的不足尤其明显，其排水量虽然将近7000吨，但只装备四门 25.4 厘米（10 英寸）主炮，且航距较短，不能用于远洋作战。[1] 而且性能也不是很稳定。

美国的海军"军工复合体"刚刚形成，军工关系的制度化保障很差，合同竞标、质量监察等环节存在严重漏洞。以钱德勒任海军部长时期建造的"ABCD"四艘军舰为例，当时竞标成功的钢铁与造船巨头约翰·罗奇（John Roach）就是共和党的长期资助人，也是海军部长钱德勒的政治伙伴，项目的中标过程在当时就饱受质疑。结果，造舰过程频频出现问题，第一艘舰就延期完工，下水后又无法通过航海测试，最终民主党政府上台后对该案进行彻查并撤销了原有合同，罗奇也因此宣告破产。

现役海军实力依旧偏弱。1881—1889 年的海军复苏是有限的，由于造舰周期偏长，旧舰淘汰速度加快，美国海军的现役舰艇的数量在这一阶段还有所下降，整体实力并没有得到有效改观。比较突出的例子就是 1889 年美、英、

---

1　See Robert Love, *History of the U.S. Navy 1775–1941*, vol.1, p.357.

德三国为争夺萨摩亚群岛而派出军舰对峙，结果美国三艘木质巡洋舰在一场飓风袭击中全部沉没，导致整个太平洋分舰队几乎再无军舰可派。

## 1890—1893：向海洋国家海军转型

美国海军发展真正的、里程碑式的年份是 1890 年。从这一年开始，美国的海军扩建就不仅仅是量的扩张，而是一种质的转变。简单地说，由于指导思想、战略战术和力量构成等方面的一系列变化，美国海军开始从一个陆地大国海军向海洋大国海军转型。

1890 年马汉出版《海权对历史的影响：1660—1783》一书，回答了美国海军建设的三个关键性问题，使美国人对海军的认知逐步向海洋国家靠拢。第一，海军不是陆地防御力量向海洋方向的扩展，其主要的战略作用应是控制海洋这片"宽阔的公共地"，而非防御敌对海军对美国海岸的袭击和封锁；第二，要实现对海洋的控制，必须通过海军主力之间的交战，而不是对敌方海上交通线的袭击；第三，要赢得这种舰队在远洋的决战，必须依靠主力舰，而不是巡洋舰或鱼雷艇。另外，马汉还非常明确地把海外贸易和海军联系起来，尤其警告一旦中美洲的地峡运河开通，美国与拉美的海上贸易就可能面临某个欧洲海上强国的威胁，因此按美国海军当时的实力，运河的开通"从军事角度而言，对美国只能是一场灾难"。[1] 随着马汉的思想迅速被决策层接受，美国海军的发展就不再像以往那样仅靠直觉驱动，也不再是被一种模模糊糊的"大国地位"所激励起来的本能行为，而是根据需求和潜在威胁判断作出的战略决策，整个海军发展的方向和目标也越来越明晰。

1890 年的另一个标志性事件是新海军法案的通过，其中发挥核心作用的是哈里森政府的海军部长本杰明·特雷西。他是一个有战略头脑的政府官员，对马汉十分赏识，力推马汉两度出任海军战争学院院长。特雷西本人并没有完全摆脱传统的陆权国家观念，还是将海军的第一要务视为保护美国漫长的海岸线，不过他同时也非常重视以主力舰为核心的远洋海军建设。在 1889 年上任后的第一份年度报告中，特雷西指出，美国海军的目标是"防御"，但"即使要成功地实施一场防御性战争，我们也必须拥有装甲主力舰……我们必须有能力威胁敌人自己的海岸，从而将敌人的兵力从我们的海岸引开"。[2] 他又用同样的逻辑，驳斥了依靠巡洋舰破坏敌方海上交通线的传统战略："俘获或摧毁敌方两三打甚至四十艘或六十艘商船，也不能防止敌人的装甲舰队炮轰我们的城市。"[3] 在他的大力推动下，美国

1  Alfred Thayer Mahan, "The United States Looking Outward," *The Interest of America in Sea Power, Present and Future*, Boston: Little, Brown, 1898, p.13.

2  Charles S. Campbell, *The Transformation of American Foreign Relations*, p.158.

3  Nathan Miller, *The U.S. Navy: History* (3rd edition), p.154.

国会于 1890 年通过了新的海军法案，决定建造三艘"印第安纳"级主力舰（"印第安纳"号、"马萨诸塞"号和"俄勒冈"号），排水量达 10288 吨，装备四门 13 英寸（约 33厘米）主炮、八门 8 英寸（约 20.3 厘米）和四门 6 英寸（约 15.2 厘米）大炮，装甲厚度为 18 英寸（约 45.7 厘米）。这是美国在内战以后第一次按照欧洲海军强国的标准来建造主力舰，标志着"蓝水海军"的起步。[1]

从美国政府的角度来说，1890 年海军法是关键一步，但毕竟只是一个开端。海军部长特雷西坚持认为，即使该法授权的所有舰艇都建成，美国在对付一个强国海军时还是没有任何胜算，因为美国海岸线太长，沿岸城市和港口又都比较脆弱，必须建造更多的主力舰才能实现有效保护。为此，他的长远目标是建成两支大型舰队——大西洋舰队和太平洋舰队，前者拥有主力舰十二艘，后者拥有八艘，并拥有六十艘巡洋舰和大量辅助舰只。[2] 与此相应，美国海军的战略战术也越来越强调通过远洋交战夺取制海权。在 1892 年的海军部长年度报告中，特雷西几乎通篇都在对破坏海上交通线的传统海军战略进行批判，其中还列举了两

---

1　当然，1890 年的海军法中还残留着不少传统的东西，比如授权建造快速巡洋舰"哥伦比亚"号以便执行破坏海上交通线的任务。三艘"印第安纳"级主力舰的远洋能力与欧洲海军标准相比也有一定差距，所以有一个比较古怪的名字——"执行远洋任务的海岸主力舰"（sea-going coast-line battleship）。See Robert Love, *History of the U.S. Navy 1775-1941*, vol.1, pp.372-373.

2　Ibid., pp.372-373.

大技术性理由：（1）部分最新的远洋商船的航速已经接近甚至超过了美国海军舰艇；（2）蒸汽动力的巡洋舰必须不断补充煤，而美国缺乏海外加煤站，因此无法实施大范围的破交战。[1] 同年，美国国会又授权建造"依阿华"号主力舰，其设计和性能比"印第安纳"级主力舰略有改进。可以说，在特雷西当海军部长的四年任期内，美国海军基本确立了以主力舰为核心的发展思路，其着眼点已经逐步转向争夺远洋制海权。

## 1893—1897：转型的继续

1893 年克利夫兰政府上台后，海军建设继续沿着这一方向发展，向海洋大国海军转型的线索清晰可见。这一点在相当程度上仍需归功于马汉的影响。克利夫兰政府的海军部长希拉里·赫伯特曾任众议院海军事务委员会主席达六年之久。他一直支持建造巡洋舰而反对建造主力舰，并且不赞成美国大力发展海军。直到 1892 年，赫伯特作为海军事务委员会主席，还要求国会将海军开支在前一年的基础上削减 350 万美元。但是，在阅读马汉的著作和论文，特别是与马汉进行通信交流以后，赫伯特的观点开始发生转变。他出任海军部长一职不久就在信中向马汉保证，海军部将推行"主力舰政策"。在作为海军部长的第一份年度

---

1  Robert Love, *History of the U.S. Navy 1775–1941*, vol.1, p.375.

报告中，赫伯特更是引用了马汉关于美国海军需要主力舰的论述，提出"至少增加一艘主力舰和六艘鱼雷艇"，要求国会在财政状况已经恶化的情况下坚持增加海军开支300万美元，次年又进一步要求增加三艘主力舰和十到十二艘鱼雷艇。他的这种转变很快得到了总统克利夫兰的支持。应该说，克利夫兰本人总体上是支持发展海军的，只是在1893年经济危机爆发后，他认为再造新舰可能加重财政负担。但是到了1894年，他的态度也发生了变化，其年度咨文就宣称"我们当然应增加主力舰和鱼雷艇的数量"。[1]

经过克利夫兰政府四年的努力，美国海军的发展取得了比较明显的成就。在理念层面，美国进一步摆脱了原有的陆地大国思维模式，不再将海军看作陆地防御向海洋方向的延伸。海军部长赫伯特一方面淡化海军的海岸防御功能，另一方面又高度关注海军在保护海上贸易和影响对外政策方面的作用。在上任后的第一份海军部长年度报告中，他就指出美国"必须使海军处于并保持有效的状态，以便为政府采取的任何政策提供力量支持"[2]。此后他在几乎每年的报告中都强调这一点。这种理念的变化也体现在海军的战略战术运用上，依靠巡洋舰破坏敌方海上交通线的传统

1　Walter LaFeber, *The New Empire*, pp.229–231.

2　Harold Hance Sprout, *The Rise of American Naval Power, 1776–1918*, Princeton: Princeton University Press, 1944, p.219.

战法被彻底摒弃了，原来装甲巡洋舰的建造计划也被中止。[1]
这样，美国海军建设的视角就进一步由原来的"从陆地看
海洋"转变为"从海洋看海洋"，即立足于海洋本身的角
度来审视海军的建设与应用。美国海军由陆地大国向海洋
大国转型的路线得到了进一步确立。

　　在海军力量建设方面，克利夫兰政府不顾严重的经济
危机，依然坚持推动以主力舰为核心内容的海军扩建，于
1894年、1895年和1896年连续推出海军法案。除1894年
法案由于经济危机正值高峰期而未被国会批准外，其他两
年的海军法案均顺利通过。其中1895年法授权建造"肯塔
基"号、"凯俄萨吉"[2]号两艘主力舰，六艘炮艇和三艘鱼雷
艇，1896年又授权建造"亚拉巴马"号、"伊利诺伊"号、"威
斯康星"号三艘主力舰，十艘鱼雷艇。这五艘主力舰排水
量均为11500吨，四门13英寸（约33厘米）的主炮，总
体性能与设计和1890年建造的"印第安纳"级主力舰类似，
仍然属于"执行远洋任务的海岸主力舰"。[3]

　　在一些相对隐性的领域，美国海军的状况也有了很大
改进。在人事问题上，海军推行退休制度和晋升考核制度，

---

1　Robert Love, *History of the U.S. Navy 1775–1941*, vol.1, p.378.

2　原为一艘护卫舰的名字，该舰于1894年2月在尼加拉瓜外海触礁沉没，《纽约
　　时报》等媒体揭露其中涉及玩忽职守和作假证，从而引发了一场著名的丑闻。
　　当1895年建造的主力舰沿用此名后，该舰也成为唯一不以州的名字命名的主
　　力舰。

3　Harold Hance Sprout, *The Rise of American Naval Power, 1776–1918*, p.221–222.

加速了军官队伍的淘汰与重组，同时美国人在整个海军人员构成中的比例也迅速上升。1896 年美国海军中的本国人数量开始超过外国人。[1] 在制定作战条令和作战计划方面，美国海军也进一步走向制度化。应海军部长赫伯特的要求，海军战争学院开始每年为美国海军的分舰队准备兵棋推演，通过战争模拟来测试海军的战略、战术和新技术运用。这就使得美国海军走上了一条可检验、可评估的道路，大大减少了决策的随意性，对长远发展有着非常重要的意义。同时它也间接地加强了海军参谋机关在拟定作战条令、作战计划方面的能力，提高了海军的整体效能。另外，军舰的设计和建造过程受到更严格的监督，管理模式也有所改进。随着 1886 年通过舰艇使用的钢铁必须由本国生产的法案后，美国的两大钢铁企业——卡内基钢铁公司和伯利恒钢铁公司实际上瓜分了海军所有的合同，"军工混合体"已经形成。为了避免以往军舰建造过程中的腐败和混乱，美国海军部加强了在钢铁企业中的军械检验制度，一定程度上规范了军工关系，也相对保证了军舰的质量。[2]

---

1　其中美国人为 5133 人，外国人为 4400 人。See Nathan Miller, *The U.S. Navy: History* (3$^{rd}$ edition), p.155.

2　Benjamin Franklin Cooling, *Grey Steel and Blue Water Navy: The Formative Years of America's Military-industrial Complex, 1881-1917*, Hamden, Connecticut: Archon Books, 1979, p.118. 然而军工关系依然没有摆脱腐败和内幕交易，如特雷西当海军部长时，卡内基公司的钢铁报价明显偏高，但仍被海军部接受。而特雷西去职后即到卡内基公司任职。

总体上看，经过哈里森和克利夫兰两届政府，美国海军实力有了质的飞跃，并初步实现了从陆地大国海军向海洋大国海军的转型。1897 年麦金莱政府上台后，海军部长约翰·朗（John D. Long）在其第一份年度报告中宣称，最近几年美国海军力量增加了一倍，且"在实力、速度、质量，以及进攻和防御能力方面均追求最优"，所以近期内海军建设的重点将不再是扩张实力，而是集中精力巩固已有的力量。[1] 至此，美国海军扩建暂时告一段落。

## 海军扩建的影响

福尔摩斯探案中曾经提到，有人进来狗却没有叫是真正奇特之处。在分析美国海军扩建的影响上，这一逻辑也完全适用。美国海军扩建过程中最奇特、最有意思的一点，就是美国海军的迅速扩张并没有在外部世界产生多少影响，特别是没有引起欧洲列强的反弹。用美国人自己的话说，就是没有被拖入欧洲的"势力均衡体系"，而这一点恰恰是美国国会部分议员最为担心的，也是他们最初反对建造主力舰的一项重要理由。尤其奇怪的是，当时拥有海上霸权的英国并没有因此将美国视为潜在的挑战者。从英国海军部和外交部的档案可以看出，美国海军近二十年的

---

1　Fareed Zakaria, *From Wealth to Power: The Unusual Origins of America's World Role*, Princeton, N.J.: Princeton University Press, 1998, p.126.

扩张甚至没有引起英国足够的重视。这在国际关系领域相当于违反了牛顿定律。相形之下，德国海军在扩建的第三年就被英国海军情报部锁定为潜在敌手，到第五年被海军部确定为主要对手，到第七年时英国第一海务大臣费舍尔已经开始考虑对其实施"先发制人"的打击。[1]

毫无疑问，美国优越的地理位置、强大的实力、英美共同文化渊源是造成这种奇特现象的主要原因，但美国在海军扩建过程中的战略选择也非常值得琢磨。不论是否有意，美国的海军扩建一开始就不是针对英国海上霸权的，甚至可以说美国从未认真考虑过和英国进行一场海上较量。一些国会议员虽然叫嚷"美国舰队应该主宰大西洋西部和太平洋东部"，[2]但在实际部署上，美国海军在大西洋方向完全处于防御态势，其战略构想以默认英国皇家海军对大西洋的控制为前提。这一点是与德国 1897 年以后海军扩建最大的区别，后者的矛头恰恰明确指向英国。

而在太平洋、加勒比海和拉美方向，美国海军则是积极行动。这一点在太平洋方向尤为突出，美国助理海军部长威廉·麦卡杜（William McAdoo）甚至称，"太平洋地区对美国海军舰艇的需求量是如此之大，以至于我们几乎

---

1　徐弃郁：《脆弱的崛起：大战略与德意志帝国的命运》，北京：新华出版社，2011 年，第 250–253 页。

2　Walter LaFeber, *The New Empire*, p.236.

可以把全部舰队都用在这片海域"。[1] 事实上，这些地区正是美国贸易扩张的重点方向，而从英国的角度来看，其价值却远远比不上大西洋、直布罗陀、地中海、北海等战略要地。这样一来，美国海军与英国皇家海军某种程度上就实现了各自战略重点的错开。而且，即使在美国重点关注的这些地区，其假想敌也不是皇家海军，而是法、德等欧洲二流海军，在1897年夏威夷事件后又增加了日本海军。[2] 另外，美国海军本身的行动又比较分散，主要任务就是派一两艘军舰去拉美国家沿海实施"炮艇外交"。可以说，除了1897年与日本海军在夏威夷海域的对峙外，美国海军在美西战争以前就没有什么像样的部署行动，从而进一步降低了美英海军出现对峙的可能性。总的来看，在对待英国的问题上，美国的海军政策要比外交政策谨慎得多，对英国的海上霸权处处体现出一种有意无意的避让。这也许是美国海军扩张没有引起英国反应的战术性原因。

海军扩建的另一个影响，则与美国自身的外交政策有关。一般而言，海军与外交之间是这样一种关系，即海军是外交的手段，外交对海军提出需求。美国几任海军部长也都强调这一点。但事实上，美国海军的扩建却反过来对

---

1　Walter LaFeber, *The New Empire*, p.295.

2　参议员安东尼·希金斯和亨利·卡伯特·洛奇是呼吁关注日本海军威胁的代表人物，而1897年美日两国海军在夏威夷海域进行对峙后，总统麦金莱授意美国海军战争学院完成了第一份对日作战的战略计划。

外交提出需求。随着美国海军普遍采用蒸汽动力并发展主力舰，海外加煤站就成为支撑海军远航能力的关键，获得海外基地越来越成为美国外交的一项重要任务。于是，手段的发展开始要求目标本身进行调整。在实际操作中，美国海军部从1880年代开始就不断向国务院施加压力，要求获得一些重要的海外战略性基地，尤其是萨摩亚的帕哥帕哥和夏威夷的珍珠港。在哈里森政府时期（1889—1893），海军部长特雷西与国务卿布莱恩之间还为此发生了比较激烈的冲突。特雷西先后要求攫取海地、多米尼加等多处海军基地，而布莱恩则坚持美国应在拉美和加勒比地区采取"睦邻"政策，否决了特雷西的全部提议。[1]不过，在与政策需求之间的角力中，技术需求往往最终会占上风。随着美国海军扩建的力度不断上升，它所产生的需求也越来越难以拒绝。国务院一方面抵制海军部在加勒比地区的要求，另一方面也将获得海外基地作为其太平洋地区外交政策的一个核心内容。

这种海军政策与外交政策的互动，无疑进一步强化了美国"要点式扩张"的政策偏好。更多人开始意识到，美国只需保持"要点式"分布的海外基地和一支强大海军，就可以有效地保护海外贸易利益并发挥影响，同时还不需要承担占领大片外国土地所带来的财政与政治负担。这种

---

1 Robert Love, *History of the U.S. Navy 1775–1941*, vol.1, pp.363–365.

思维模式甚至为美国陆军所接受，曾任美国陆军总司令的约翰·斯科菲尔德（John Schofield）在 1897 年时就指出，对美国这样的国家来说，"海军是国家武装力量的进攻之臂"，而"为了这一目的，我们必须拥有完全的行动自由……这样就提出了陆地防御最重要的功能：为这一进攻之臂提供安全的行动基地……征服并永久性地占领外国不是这个国家的政策"。[1] 这已经是一种比较典型的海洋大国思维了，同时也是从军事战略角度对海外贸易扩张这一主线的再次确认。

## 外交的延续与变化：拉美和太平洋

论及 19 世纪最后十年的美国外交时，不少美国历史学家比较偏爱"转型"一词。但实际上，美国这一时期的外交政策更多是一种延续：其重点方向依然是拉美和太平洋，其方式依然是军事与外交结合，其过程也依然受到国内两党斗争的深刻影响。不过，从 1890 年开始，美国外交确实出现了一些新的特征。这些特征及其背后所发生的变化，使美国更有能力应对大大扩展了的海外事务，为新帝国的建立创造了必要的条件。

---

1  George W. Bear, *One Hundred Years of Sea Power: The U.S. Navy, 1890–1990*, p.20.

## 制度性改革与外交新特征

无论在大陆扩张还是在海外扩张方面，美国的外交记录一直不错。但这掩盖不了其中的一些重大弊端。其中，国会在外交决策过程中长期拥有巨大的权力，因此两党的政治斗争往往对外交政策产生非常直接的冲击，造成政策的摇摆和低效。另外，美国外交机构在国内政治结构中长期处于弱势地位，其规模和专业化程度都比较低。而在美国平民主义色彩浓厚的文化氛围里，人们又倾向于把外交官看成是欧洲君主制的残余，是一种"奢侈品"。因此，外交机构的建设长期处于被忽视状态，改革步伐落后于美国整个文官制度的改革。[1]

即便如此，美国的外交机构在1890年代还是发生了一些重要变化。在人事制度方面，美国改进了晋升制度，扩大了国务院和驻外使领馆的编制，增加了工作层的官员人数（尤其是增加使领馆的一秘和二秘职位），使得美国开始拥有一支稳定的外交队伍。更重要的是，以总统为代表的行政部门的权力不断增加，外交的决策权开始集中到行政部门手中，国务院的地位有了较大的改善。在这种情况下，美国外交政策可以相对较少地受到国内政治斗争的冲击，有助于保持政策的稳定性。

政府对各种外交事务的统一管理和控制能力也有了明

---

1　Fareed Zakaria, *From Wealth to Power*, pp.120–122.

显提高。在一些历史学家看来，这是进入 1890 年代以后美国外交政策的一个重要转变。以美国对华政策为例，1895年以前美国在华的外交官、传教士和商人完全处于各自为战的状态，而且基本不理睬政府的指令。很多美国人将经济领域对"自由放任"的推崇移植到了对外政策领域，认为不受约束的个人奋斗才是促进国家利益的最佳方式。但到 1890 年代下半期，政府的外交部门逐步加强了各方面的协调与管理，在华事务的主动权和主导权开始从个人和民间团体转移到政府手中，甚至原先自主性极大的传教活动也不例外。这种权力和能力的增长，对美国来说是非常必要的。可以认为，如果外交机构没有出现这一系列的改革，那么美国将难以应对由迅速扩张带来的巨量的海外事务，更不可能制定并执行有效的、统筹全局的外交政策。

美国外交机构的工作风格也发生了较大变化。在保护和促进海外经济利益方面，美国的国务院和海外机构变得更加积极主动。1889 年，美国农业部长还不得不恳请国务院"多多费心"，让驻外使节协助为美国农产品寻找新的海外市场。到 1897 年时，美国国务院则非常主动地指示各驻外使领馆帮助"扩大美国制成品的销售"。[1] 如果说，美国与欧洲国家，特别是欧洲大陆国家的外交本来就有一种更

---

1   Robert Beisner, *From the Old Diplomacy to the New, 1865–1900*, Arlington Heights, Ill.: Harlan Davidson, 1986, pp.88–89.

注重权力和更注重财富的区别，那么到了 1890 年以后，这种区别更加突出。美国外交开始越来越有意识、越来越直接地为财富服务，为海外贸易扩张服务。

## 太平洋方向的外交：夏威夷事件与兼并问题

在整个 19 世纪，美国在这一方向的外交一直都是富于进攻性的，对获取太平洋上可能充当海军基地的港口更是坚决。这一特点在 1880 年代与英、德两国争夺萨摩亚时体现得尤其明显。1890 年后，美国在这一方向的外交重点则是夏威夷群岛。

美国对夏威夷的渗透由来已久。早在 19 世纪初，美国传教士就来到夏威夷，并成功地使当地统治者皈依基督教新教。与此同时，这些传教士又促成了一系列资本主义性质的法律，使当地社会发生剧变，自己也从中获得了巨大利益：到 1850 年代，十六位公理会传教士平均每人拥有 493 英亩（约 200 公顷）的土地。这些传教士的所作所为无疑是非常糟糕的，连美国驻夏威夷的领事都称他们为“当地社会的吸血鬼”。[1] 不过，正是由于这些传教士和接踵而来的美国商人，美国人对夏威夷的控制迅速提升。1876 年，美国政府又与夏威夷政府签订了互惠贸易协定。这一协定

---

1　Warren I. Cohen (ed.), *The Cambridge History of American Foreign Relations*, vol.2, pp.91–92.

有着深远的政治考虑，按国务卿汉密尔顿·菲什（Hamilton
Fish）的说法，就是要抢在英国人和加拿大人之前控制住
这一群岛。而参议院外交关系委员会的报告则说得更加明
确：该贸易协定就是要让夏威夷"在工业上和贸易上成为
美国的一部分"，并防止"任何其他大国在此立足"。[1]后
来夏威夷的情况基本上按照这一设想发展。贸易协定签订
仅过了四年，夏威夷的甘蔗种植园就增加了两倍，十年以
后，糖的年产量和年产值增加了五倍多。其中，美国人占
有了夏威夷全部糖业资产的三分之二，而糖业出口也基本
上 100% 面向美国市场。[2]夏威夷对美国市场的依赖从 1891
年的数据中可窥一斑：1891 年夏威夷向美国出口糖 2.74 亿
磅（约 1.2 亿千克），向其他国家出口 285 磅（约 129 千克）。
此时，夏威夷在经济上已经完全成为美国的附属。在战略
上，美国于 1886 年从夏威夷政府手中攫取了单独使用珍珠
港的权利，不仅在太平洋的中心位置拥有了一个重要的战
略性基地，而且进一步加强了对夏威夷群岛的控制。可以
说，夏威夷已经成为美国的囊中之物。

　　到 1890 年，夏威夷经济对美国的畸形依赖突然被打断。
《麦金莱关税法》中的互惠贸易条款给予了古巴原糖进口
免税的待遇，迅速使古巴取代夏威夷成为美国主要的原糖

---

1　Walter LaFeber, *The New Empire*, p.142.

2　Warren I. Cohen (ed.), *The Cambridge History of American Foreign Relations*, vol.2,
　　p.92.

进口地。夏威夷的经济一下子出现了巨大危机，当地的甘蔗种植园主本来就是主张兼并的美国人，受到经济打击后更是变本加厉地推动夏威夷并入美国。与此同时，刚上台不久的夏威夷女王利留卡拉尼（Queen Liliuokalani）具有很强的主权意识，力图摆脱美国的控制，双方矛盾激化。1893 年 1 月，在美国巡洋舰"波士顿"号的支持下，夏威夷的美国人发动叛乱推翻了女王。1 月 17 日，叛乱者成立临时政府，立即得到美国的承认，三天后得到在夏威夷的所有外交使节的承认。与此同时，临时政府又派员乘船前往华盛顿正式商讨并入美国的事宜。看到成功来得如此容易，作为叛乱主要谋划者和策动者的美国公使约翰·斯蒂文斯（John L. Stevens）有点过于激动，还没有征得国务院同意就宣布夏威夷为美国的保护国。在给国务卿约翰·福斯特（John W. Foster）的信中，他也难以抑制兴奋之情："夏威夷这个梨完全成熟了，现在是美国采摘它的黄金时机。"结果福斯特称其处置不妥，取消了将夏威夷作为保护国的做法。[1]

在美国国内，主张兼并夏威夷的人同样热情高涨，尤其是新教的传教士团体。在他们看来，美国对夏威夷的控制和兼并主要是传教士打下的基础，跨教派的纽约《独立报》就宣称，美国海外传教士委员会"在两代人之前就从

---

1 Charles S. Campbell, *The Transformation of American Foreign Relations*, p.186.

宗教上兼并了"夏威夷群岛（事实上叛乱者中确有不少是早期传教士的后代），而既然"成熟的苹果落到我们手里，扔掉它是非常愚蠢的……获得夏威夷将（使我们）掌握太平洋上的航线……将使我们对所有太平洋上的岛屿拥有主宰性的影响"。另外，部分商人也在积极推动兼并，代表人物就是在夏威夷拥有最大甘蔗种植园的美国糖业—航运业巨头克劳斯·斯普雷克尔斯（Clause Spreckels），还有以旧金山为中心的西海岸商人团体。在他们的影响下，美国国内舆论很快开始拥护兼并。历史学家欧内斯特·梅发现，在 1 月份时，一些美国报纸还要遮遮掩掩地拿英国可能夺占夏威夷作为理由，到 2 月份时就完全放开地大谈兼并的好处了。[1] 还需要指出的是，所谓英国可能想攫取夏威夷群岛是有违当时事实的，只是被美国主张兼并的人用来增强说服力而已，比如据 2 月 4 日美国驻英公使交给国务院的英国剪报显示，几乎所有英国报纸（《每日电讯报》除外）都默许美国这一不可避免的兼并，但有关官员忽略所有这类评论，单单将《每日电讯报》的评论摘出且标以两道红线以供国务院参阅。

然而，美国政府内部的情况却有所不同。首先，兼并领土需要复杂冗长的法律程序，而总统哈里森在大选中已经输给了民主党候选人克利夫兰，在任时间屈指可数，很

---

1   Ernest R. May, *Imperial Democracy*, pp.14–16.

难在该问题上取得实质性进展。其次，哈里森本人对这样一场突如其来的叛乱也缺乏心理准备，因而在兼并问题上一开始也是犹豫的，想先看一下这场叛乱在夏威夷当地是否得到拥护。[1]不过在国务卿福斯特等人的大力推动下，他最后还是在 2 月 15 日向国会提交了兼并条约草案。但是，还没等国会就此开展充分辩论，3 月 4 日宣誓就职的新总统克利夫兰已经将条约草案撤了回来，称美国应该"停下来，看一看，想一想"。实际上，此时克利夫兰心里已经有了明确的倾向，那就是不赞成兼并。而其内阁中的要员、国务卿格雷沙姆更是持坚定的反对立场，上任不久就向俄国驻美公使表示"不会有旨在攫取外国领土的原则和政策"。[2]

很快，克利夫兰采取了行动，委派曾任众议院外交事务委员会主席的詹姆斯·布朗特（James Blount）赴夏威夷进行调查，核心任务就是评估美国这次兼并是否"道德"。在布朗特抵达夏威夷之前，积极推动叛乱和兼并的美国公使斯蒂文斯已经被迫辞职，布朗特本人被任命为新的公使。他到达火奴鲁鲁后，马上下令将悬挂在夏威夷政府大楼上的美国国旗取下，并命令正在"维持秩序"的美国海军陆战队员回到"波士顿"号巡洋舰。经过一番调查，他

---

1　Julius W. Pratt, *Expansionists of 1898*, pp.119–120.

2　Walter LaFeber, *The New Empire*, p.204.

于7月基本完成了报告，严厉批评美国公使斯蒂文斯在叛乱中的作用，指出如果不是因为美国海军"不公正"地支援叛乱者，女王不会被推翻，而且当地人普遍反对这一叛乱，反对并入美国。根据这份报告，克利夫兰政府就可以给1893年夏威夷事件定性为"不道德"，而相应的措施主要有两条：一是放弃兼并，二是作出道歉并劝说夏威夷临时政府恢复女王王位（国务卿格雷沙姆最初起草的声明则是纠正错误并恢复女王王位）。这两项措施自然引起了兼并主义者的强烈反对，夏威夷的临时政府也拒绝服从。在这种情况下，克利夫兰无意强为。作为一名政治老手，他于1893年12月18日向国会递交了布朗特的长报告，在明确否定了兼并方案后，还要求国会对此事"想出办法"。这样就把球踢给了民主党占优势的国会，形成了一场跨年度的大辩论。

最终，民主党占绝对多数的众议院行动较快，[1]于1894年2月7日通过决议，反对兼并夏威夷，谴责前驻夏威夷公使斯蒂文斯并宣布不干涉别国内政的原则。而参议院的行动则分两步走。2月26日，参议院外交关系委员会发表报告，一方面免除了对斯蒂文斯的指责，另一方面也对总统未经参议院同意就派全权特使一事不持异议，而这一点

---

[1] 在第53届国会中，民主党在众议院占218席，共和党127席，其他党派11席；在参议院为民主党44席，共和党38席。See R. Hal Williams, *Years of Decision*, p.162.

恰恰是共和党攻击克利夫兰的地方。这样两党就形成了某种妥协与平衡。到 5 月 31 日，参议院以 55 票对 0 票正式通过决议，表示夏威夷应自己选择政府，美国不加干涉。[1]这样，美国兼并夏威夷一事暂时被搁置，而叛乱者的临时政府也得到了保留，夏威夷因此处于一种"地位未定"的状态。

　　整个事件中，克利夫兰政府反对兼并夏威夷的动机是值得分析一番的。美国国会的辩论将道义因素提到了很高的地位，道德与利益的冲突似乎成为政府反对兼并的一个关键。事实上，道义因素只是一个方面，其中还涉及大量现实考虑，至少包括：第一，5 月份美国爆发前所未有的经济危机，这场危机部分地改变了原先的利益判断，一些原先支持吞并夏威夷的人开始对兼并带来的经济和社会影响感到不确定。比如之前提到的糖业巨头斯普雷克尔斯就改变了看法，认为兼并夏威夷将使糖产量增加并进一步压低糖价，从而可能在经济上得不偿失。[2]第二，担心对国内政治体制的影响。1890 前后美国不断增加的社会问题已经使克利夫兰和格雷沙姆等人担心，美国的联邦制度已经过度扩展，承受不了更多的领土。更重要的是，克利夫兰政府的核心成员都认为，夏威夷当地人多数属于有色人种，

1　Charles S. Campbell, *The Transformation of American Foreign Relations*, pp.191–192.
2　Ernest R. May, *Imperial Democracy*, p.23.

政治文化又比较落后，将其并入美国可能会使已经"超载"的联邦制度和民主制度崩溃。第二助理国务卿阿尔维·埃迪（Alvey Adee）在给国务卿格雷沙姆的私人信件中就提到，夏威夷人根本不具备成为选举公民的资格，因此夏威夷也不具备成为美国一个州的资格。[1] 第三，现实利益与成本之间的核算。在克利夫兰和格雷沙姆等人看来，美国在夏威夷最主要的利益就是蔗糖和战略基地，而这两方面美国在没有承担起任何政治责任的情况下就已经拥有了。相反，如果美国兼并了夏威夷，利益不会变化，而统治成本则将因此增加。在遭受严重经济危机冲击的情况下，这种成本与利益的反差更显突出。

当然，美国对夏威夷的外交还涉及其他国家，特别是英国和日本。1893 年夏威夷发生叛乱后，主张兼并的美国人就强调英国攫取夏威夷的可能性，同时美国亚洲分舰队司令则提醒海军部长赫伯特"日本有可能使夏威夷问题复杂化"。[2] 事实上，美国对英国的担忧更多是基于一种习惯思维，而对日本的关注则是基于现实。日本明治维新后，其扩张方向主要在亚洲大陆，同时也在太平洋方向进行渗透。1883 年夏威夷只有 116 个日本人，到 1896 年时就达

---

1　Walter LaFeber, *The New Empire*, p.205.

2　Warren I. Cohen (ed.), *The Cambridge History of American Foreign Relations*, vol.2, p.102.

到 24407 个，占人口的五分之一以上。[1] 这无疑引起了美国政府和在夏威夷的美国人的关注。1897 年 3 月，夏威夷临时政府想中止日本移民，结果日本政府发出威胁，这迅速演变为美日之间的较量。美国麦金莱政府命令太平洋分舰队的"费城"号巡洋舰和一艘老式的轻型巡洋舰"马里恩"号开往夏威夷，日本则针锋相对地派出战列巡洋舰"难波"号，为此美国又将太平洋分舰队的其他四艘军舰全部集中到夏威夷，双方海军进入了紧张的对峙状态。马汉和其他一些海军权威人物都认为与日本的战争已经变得"十分可能"。[2] 与此同时，美国政府又试图重新推动兼并事项，使得美日在夏威夷问题上的矛盾更加激化，这引起了日本政府的正式抗议。美国此时已经考虑在古巴问题上与西班牙摊牌，因而力避与日本发生冲突。经过一番外交谈判，美日在当年的 12 月达成妥协：日本撤回对美国兼并夏威夷的抗议，美国则保证日本在夏威夷的移民和商业利益，同时还迫使夏威夷临时政府向日本赔偿 75000 美元。[3]

## 拉美外交：贸易扩张与排挤英国

1890 年的《麦金莱关税法》和 1894 年的《威尔逊－戈

---

1 Thomas A. Bailey, "Japan's Protest against the Annexation of Hawaii," *The Journal of Modern History*, vol.3, no.1 (Mar. 1931), p.46.

2 Robert Love, *History of the U.S. Navy 1775–1941*, vol.1, pp.385–386.

3 Thomas A. Bailey, "Japan's Protest against the Annexation of Hawaii," p.59.

尔曼关税法》极大地促进了美国和拉美国家的贸易，美国资本也大量进入这一地区。与以往美国商品的南下相比，1890年代的扩张规模更大，也更有章法。美国商界内部，特别是制造业和银行业之间加强了协调，同时又要求政府提供更多的外交协助，其矛头明确指向英国对国际贸易和金融的控制。1895年1月成立的美国"全国制造商协会"（NAM）在这方面就比较有代表性。该协会由共和党大佬马克·汉纳（Mark Hanna）亲自担任主席，拥有强大的政治能量，其宗旨就是扩展海外贸易，控制拉美和东亚市场。成立伊始，全国制造商协会向联邦政府发出正式呼吁，要求提供政府支持，以便让美国工业"在更加平等的条件下与英国竞争"。这种大规模的贸易攻势很快引起了英国方面的恐慌，一些英国报纸指出，在拉美地区，即使是英国的殖民地也被"潮水般的美国产品淹没"，英国商品被挤出整个拉美市场已经"几乎成为定局"。[1]在这种情况下，美英在拉美的竞争就带上了更多的对抗性色彩，其中英国无疑处于守势，美国则是攻势。排挤英国成为美国这一时期拉美外交最突出的一条主线。

1891年美国与智利的冲突，就是在这种美英竞争的背景下发生的。智利与英国的关系一直比较密切，其海军装备主要来自英国，实力较强。很多美国人将智利视为英

---

1  Walter LaFeber, *The New Empire*, p.193, p.195.

国在这一地区的代理人。1891 年 1 月，智利发生内战，亲英的议会在海军支持下反对得到美国支持的总统巴尔马塞达。在这一过程中，反政府力量得到了英国海军和在智利的英国人社团的大力支持，连英国驻智利领事也承认"我们无疑违反了中立"。[1] 这种情况无疑是美国极不愿意看到的，内战期间发生的"伊塔塔"号事件更是进一步恶化了美国与智利反政府力量的关系。[2] 到 1891 年 10 月初，反政府力量赢得了内战，英国势力在智利完全占了上风。面对这样的结果，美国一方面被迫承认新政府，另一方面命令海军继续驻留在瓦尔帕莱索港，同时还为前总统巴尔马塞达的支持者提供政治避难，从而刺激了智利国内的反美情绪。10 月 16 日，美国巡洋舰"巴尔的摩"号上的水兵上岸休假，结果在酒吧与当地人发生斗殴，两名美国人被打死，36 名美国水兵被当地警察逮捕（第二天被释放）。这一事件在美国引起了轩然大波，总统哈里森以强硬的措辞要求智利政府正式道歉并作出赔偿。遭到拒绝后，美国开始大张旗鼓地备战，包括命令海军集结、向各国采购燃煤

---

1　Charles S. Campbell, *The Transformation of American Foreign Relations*, p.169.

2　反政府势力为了得到更多武器，通过美国船业巨头格雷斯（W. R. Grace）秘密从加利福尼亚的圣地亚哥港走私军火。事情败露后，美国政府立即采取行动，派巡洋舰"查里斯顿"号一路紧追走私船"伊塔塔"号到智利的瓦尔帕莱索港。然而令美国政府尴尬的是，美国本国的法庭裁定该船并未违反国际法。最后经过一番外交谈判，美国运回军火，而"伊塔塔"号则归还智利反政府力量。See Robert Love, *History of the U.S. Navy 1775–1941*, vol.1, pp.365–366.

等等。但美国海军部长特雷西非常清楚，当时美国的海军实力并不比智利强多少，而且一旦开战又有英国干预的风险，所以此举主要旨在威吓，而不是求战。海军部还不时地向报界透露一些战争准备的实际行动，以增强威吓的效果。[1]1892 年 1 月 21 日，美国政府又向智利发出了非常强硬的照会，其内容已经接近最后通牒。不过有意思的是，在这份"准通牒"的照会中，美国只威胁要中断两国的外交关系，而不是开战。[2] 从中可以看出，美国在声色俱厉的同时还是保持了一定的灵活性。最终，智利政府被迫让步，同意正式道歉并赔偿 75000 美元，从而结束了这一冲突。美国在找回面子的同时，客观上也达到了对英国"敲山震虎"的效果。

在 1893 年底巴西发生的一场小规模内乱中，美国的干涉行动则要明确得多，也有力得多。当时巴西的保王党势力试图推翻共和国（据称也得到了英国的秘密援助），海军则站到了反政府一方，并试图通过封锁首都里约热内卢来迫使政府下台。美国政府很快作出反应，命令美国海军组成护航编队强行驶入里约热内卢，国务卿格雷沙姆还指示舰队指挥官必要时以武力确保美国的货物上岸。[3] 当船队遭

1  Robert Love, *History of the U.S. Navy 1775–1941*, vol.1, pp.365–366.

2  Charles S. Campbell, *The Transformation of American Foreign Relations*, p.174.

3  Walter LaFeber, "The Background of Cleveland's Venezuelan Policy: A Reinterpretation," *The American Historical Review*, vol.66, no.4. (July 1961), p.956.

到拦截时，美国军舰向反政府军舰艇上方开炮，结果这场小规模的叛乱很快平息。美国在与英国的较量中得了一分。

在1894年尼加拉瓜"莫斯基托印第安人保留地事件"中，问题已经不是美国对所谓"英国代理人"的干涉，而是更加直接地削弱英国的影响，几乎到了与英国当面对抗的程度。莫斯基托印第安人保留地的主权名义上属于尼加拉瓜，但根据1860年的一项国际条约，该保留地上的印第安部落享有自治权，实际上是英国保护下的一块飞地。对美国人来说，这一保留地的价值非同小可，一方面因为它位于尼加拉瓜东部沿海，是拟建中的跨洋运河的必经之地，具有重要的战略意义，另一方面，美国人在此已有大量投资和商业经营活动，特别是经营香蕉种植园。到1893年，美国人在莫斯基托保留地的资产已达200万美元，而该地与美国的贸易往来则达400万美元。据美国驻尼加拉瓜公使估计，莫斯基托保留地90%~95%的财产掌握在美国人手中。[1]因此，从任何一个角度来看，将英国势力挤出这一地区都是美国孜孜以求的目标。

到1894年时，美国有了这样一个机会。当时的尼加拉瓜政府是一个革命后刚上台的新政府，财政紧缺，盯上了这片富裕的印第安人保留地。1894年，尼加拉瓜政府以保护印第安人免受邻国洪都拉斯的侵害为借口，派军队进入

---

1　Walter LaFeber, *The New Empire*, pp.220–221.

这一地区。当地的印第安酋长立即向英国外交部抗议，要求英国提供 1860 年条约所规定的保护。英国随即派海军陆战队登陆并解除尼政府军武装，还扶植了一个莫斯基托地区的临时政府，由英海军军官与尼加拉瓜政府和军队代表组成。这个所谓的临时政府原本还希望吸收几个美国人参加，但后者并不领情，退出了政府。在这一事件上，美国国务卿格雷沙姆看得非常准。他不同意美国驻当地领事关于恢复印第安人"自治"的要求，认为所谓"自治"实际就是英国的保护权，美国应充分利用这一机会将保护权转到自己手中。所以，格雷沙姆马上抓住临时政府一事向英国政府提出质问，4 月 30 日又明确抗议英国的这种做法违反了 1860 年的条约。在美国的压力下，英国自由党政府很快就退让了，一贯软弱的外交大臣金伯利声明英国无意在中美洲建立任何保护国，并解释说成立临时政府一事并未得到英国政府的训令。与此同时，英国海军陆战队迅速撤出了莫斯基托保留地，临时政府也宣告解散。这样，英国就默认了美国对这一地区的保护权。值得一提的是，在整个排挤英国势力的过程中，美国始终都是以恢复尼加拉瓜对该保留地主权的名义来行动的，格雷沙姆在 7 月给英国的照会中还强调尼对莫斯基托保留地的主权"无可置疑"。[1]

---

1  Dexter Perkins, *The Monroe Doctrine 1867–1907*, Baltimore: The John Hopkins Press, 1937, pp.42–43.

但尼加拉瓜政府可能把这一"主权"当真了，开始触碰美国在保留地的利益，结果格雷沙姆又采取了第二个步骤，即对尼政府提出警告并以干涉相威胁，以确立自己的保护者地位。这一目标也很快达成。颇具象征意义的是，1895年7月莫斯基托保留地的印第安部落发动起义反抗尼加拉瓜政府统治时，前来"维持秩序"的就不再是英国海军陆战队，而是美国海军陆战队。

总的来看，1890年以后美国在拉美和太平洋的外交都服务于海外贸易扩张，但风格上存在很大差异。在太平洋地区，美国的行动相对谨慎，而在拉美地区的外交风格则明显更富于进攻性，尤其对英国的立场不断趋于强硬，其外交也越来越带有一种"意志宣示"的色彩。在这种情况下，美英逐步走到了外交摊牌的边缘，发生了崛起大国与守成大国的一次正面冲突——委内瑞拉边界危机。

第三章

# 英美对抗与和解：委内瑞拉边界危机

1895—1896 年间，英美因委内瑞拉边界问题发生了自美国内战以来最激烈、最直接的一次对抗，历史上崛起大国与霸权国之间的冲突似乎正在重演。然而，双方虽然群情汹汹，但基本只是用照会和公开咨文进行交锋，既没有任何一方发出明确的武力威胁，也没有进行实际的战争动员，总体属于"文斗"。从结果来看，这一危机不仅得到和平解决，而且还成为两国关系发展的重要转折点，长达一个多世纪的英美敌对迅速让位于英美和解，崛起大国与霸权国的结构性矛盾戏剧性地减少了，为半个世纪以后所谓的"霸权禅让"铺平了道路。

## 英美关系格局与危机背景

### 疲惫的英国霸权

　　19 世纪末，长达一百多年的英国霸权已经呈现颓势。在工业领域，英国被美国超越，又面临德国强有力的竞争。从 1870 年到 1896 年，英国占世界制造业的份额从 31.8% 下降到 19.5%（同期美国从 23.3% 增长到 30.1%，德国从 13.2% 增长到 16.6%），而贸易出口增长仅为 7% 左右，用殖民地事务大臣约瑟夫·张伯伦的话来说，就是"三十年出口增长停滞"。[1] 在英国国内，帝国的衰落开始慢慢成为一种越来越广泛的话题，特别是 1890 年以后，这方面的书籍和文章开始大量出现。[2] 焦虑情绪在英国社会和政府内部蔓延。

　　与此同时，英国的战略环境也出现了一些重要变化。最核心的问题是，英国对海洋的控制开始变得不那么绝对了。1870 年代末，俄、德、意等欧洲大陆国家不约而同地加快了海军建设步伐，尤其是法国于 1878 年大幅增加海军开支，使得英国海军力量的优势迅速缩减，引起了海军部的恐慌。在这种情况下，英国政府咬牙克服财政困难，于

---

1　Aaron L. Friedberg, *The Weary Titan: Britain and the Experience of Relative Decline 1895–1905*, Princeton, N.J. : Princeton University Press, p.26, 70.

2　William L. Langer, *The Diplomacy of Imperialism 1890–1902*, vol.1, N.Y. & London: Alfred A. Knopf, 1935, p.72.

1889 年大幅度增加海军预算并正式明确了海军建设的"两强标准"，暂时巩固了自己的海上霸权地位。[1]但在一些重要地区，比如地中海和东亚，英国海军仍然面临较大压力。

1890 年以后，欧洲大国关系的变化更是加剧了问题的严重性。德国宰相俾斯麦的下台引发了欧洲政治格局的重大改组，法俄同盟于 1892 年成立，抵消了德国为首的三国同盟的影响，使欧洲大陆再度出现了"势力均衡"。对英国来说，这应该是最有利的局面，因为两大集团之间会自动地相互制衡，英国则可以再度充当"离岸平衡手"的传统角色。但英国政府很快发现，法俄同盟虽然针对的是德国，但首当其冲的却是自己。1893 年 10 月，俄国一支分舰队访问法国地中海的军港土伦，受到法国民众几乎是狂热的欢迎。与此同时，又有传言说法国将给予俄国舰队突尼斯军港的使用权，而俄国又试图在东地中海租借一个岛屿作为海军基地，并准备将整个黑海舰队驶入地中海。[2]这样，英国在地中海刚刚得到的稳固地位又面临法俄两国的联合挑战。海军情报部就提出警告：如果皇家海军要在黑海海峡阻止俄国黑海舰队进入地中海，那么法国地中海舰队很可能从背后攻击，使英国舰队处于腹背受敌的危险境

---

1 Arthur J. Marder, *The Anatomy of British Sea Power*, N.Y. & London: Alfred A. Knopf, 1940, pp.120–121.

2 William L. Langer, *The Franco–Russia Alliance 1890–1894*, Cambridge: Harvard University Press, 1929, pp.360–362.

地；但如果不能在黑海海峡阻止俄国舰队，那么一旦法俄海军在地中海会合，英国海军将失去对这一"生死攸关的战略中心"（海军上将费舍尔语）的控制。[1] 这样一来，英国的海上霸权又面临严峻挑战，海军预算不得不再次大幅增加。

在外交上，英国也是左支右绌，疲于应对。1880 年代开始，欧洲列强进入了帝国主义时期，[2] 一度受冷落的"海外殖民事业"再次兴起。在这股狂潮中，英国自然是领跑者，但由于拥有最大的殖民帝国，它同时又是其他列强嫉妒和竞争的重点对象。面对众多殖民摩擦和由此引起的安全和外交问题，英国外交也步入了一个艰难时期。1892 年格莱斯顿的自由党政府上台后，这种情况变得更加严重。一般而言，英国的自由派当政后都有一种"双重人格"，即在理念上反对帝国主义，而在行动上又不得不延续帝国主义政策。这种"半心半意"的做法必然使政策的效果大打折扣，再加上自由党政府的领导人在外交和安全事务上缺乏经验、缺乏坚定性，因此 1892—1895 年自由党执政时

---

1  Arthur J. Marder, *The Anatomy of British Sea Power*, pp.159–160.

2  这里的"帝国主义时期"并不是列宁所说的垄断资本主义时期，而是指欧洲列强热衷于海外扩张、攫取殖民地的阶段。19 世纪末盛行的帝国主义实际上是殖民主义、民族主义、种族主义、社会达尔文主义等多种思潮的混合，除了从经济角度强调争夺殖民地的必要性，还鼓吹殖民扩张是国家之间"生存竞争"与"适者生存"等"永久法则"的反映。See William L. Langer, *The Diplomacy of Imperialism 1890–1902*, vol.1, pp.86–89.

期（1892—1894 年格莱斯顿为首相，罗斯伯里为外交大臣；1894—1895 年罗斯伯里为首相，金伯利为外交大臣）就成为英国在外交上频遭挫折的一个时期。在欧洲，英国拉三国同盟对付法俄同盟的努力没有成功，德国一改俾斯麦下台后的亲英政策，转而奉行亲俄路线，迫使英国单独面对法俄在地中海的挑战。在非洲，英国与比利时合谋在所谓的"刚果自由邦"占有一条狭长的土地，结果法德联合起来向英国施压，英国只能作出一定让步。在东亚，中日甲午战争后发生"三国干涉还辽"，最终日本在俄、法、德三国压力下被迫放弃中国的辽东半岛。这对英国在东亚的地位是一个重大打击，历史学家泰勒就指出，东亚"本来在很长时期内是英国人独有的地区，现在它被三个大陆强国推搡到一边去了"。[1] 在中亚，英帝国"皇冠上最明亮的一颗珠宝"[2]——印度的北部面临俄国不断增加的压力，英印政府一再要求增加在印度的防务投入，而英国自身的财

---

1 ［英］A. J. P. 泰勒：《争夺欧洲霸权的斗争 1848—1918》，第 402 页。"三国干涉还辽"由俄国发起，英国拒绝参加，结果三个大陆国家撇开英国采取了行动，威廉二世还在给德国驻日大使的指示中亲笔加上"即使没有英国参与也必须做"。See Erich Brandenburg, *From Bismarck to the World War: A History of German Foreign Policy 1870–1914*, Humphrey Milford, London: Oxford University Press, 1927, p.60.

2 印度在这一时期对英国经济的重要价值超过以往任何时期，英国棉织品 40%~45% 销往印度，而英国国际收支的关键亦在于印度所提供的盈余。参见［英］艾瑞克·霍布斯鲍姆《帝国的年代》，贾士蘅译，南京：江苏人民出版社，1999 年，第 76 页。

政压力又不可能满足这一要求。在东南亚，英国与法国于1893年发生了暹罗事件，首相罗斯伯里误认为法国将开战而惊慌失措地向德国求助。[1] 可以说，纵览1890年代中期的一系列事件，已经看不出英国有多少"霸权国"的样子，在英国政府的内部档案中，也是一片警报声。

## 美国的挑战与美英关系

当时美英关系的基本结构必须在这种英国霸权衰落的大背景下加以考察。一方面，美国的崛起和对英国的挑战自然是英国外交困境的一个组成部分。另一方面，两国之间虽然属于比较典型的崛起大国和霸权国的关系，但其中有些方面还是比较独特的。也许正是这些特性或者说特殊因素防止了英美矛盾向极端化方向发展，使两国关系的发展方向完全不同于另一对霸权—崛起关系——英德关系。

——美国只是英国霸权的众多挑战者之一。19世纪的英国霸权与20世纪的美国霸权有一些重要差异，其中之一就是美国作为霸权国时多数强国是其盟友，而英国作为霸权国时则处于一种"光荣孤立"的状态，其他强国往往对其构成挑战。

---

1  1893年7月30日，英国政府收到报告称法国命令英国战舰撤出暹罗领水，英国首相罗斯伯里认为是法国要向英国开战，马上向德皇威廉二世递交一份请求："法国政府要求我国战舰撤出仰光。我已拒绝。请求立即与哈兹菲尔德伯爵（德国驻英大使）在伦敦会谈。"但第二天证明原先报告不实，为一场虚惊。

——美国对英国的挑战是在"边缘"地区。从19世纪下半叶，特别是1890年代的情况来看，美国对英国的挑战主要集中在加勒比海和拉美地区。这一地区并非英国的战略重点，属于相对的"边缘地带"，因此对英国的刺激远远不如其他列强在埃及、南非和北海的挑战。

——美国掌握"人质"。英帝国的自治领——加拿大的战略地位比较脆弱，美国随时可以将其征服。半个多世纪后，乔治·凯南就总结说，"加拿大尤其是保持我国与英帝国良好关系的一个不可或缺的'人质'"。[1]

——负面的历史经验。美英之间已有两场战争，尤其是1812年的战争对两国关系的发展有着深远的影响。英国由此看到，即使是一场胜利的战争也不能阻止美国的崛起，因而逐步放弃了在北美与美国较量的想法。纵观历史，一场胜利但是无用的战争往往最容易催生"绥靖"政策。

——美国的实力和潜力。1890年美国工业超越英国以后，英国已经意识到了美国巨大的实力和潜力，对美政策越来越受到这一因素的影响。比如海军大臣赛尔邦就写道："如果有可能避免的话，我将永远不会与美国争吵。我们的国民还没完全了解这一点，美国的财力是足够的。如果他们选择扩建海军的话，他们将建起一支和我们一样

---

1　George F. Kennan, *American Diplomacy 1900–1950*, Chicago: University of Chicago Press, 1951, p.5.

大的舰队，然后超过我们，而且我不能肯定他们会不会这么做。"[1]

可能正是由于这些因素，1890 年以后英国的对美政策就带有较明显的"绥靖"色彩，对美国在加勒比海和拉美地区咄咄逼人的扩张势头一再退让。1892—1895 年自由党执政期间，英国对美退让更是到了软弱的程度。尤其在莫斯基托保留地的问题上（见第二章），英国外交大臣金伯利对美国基本上有求必应，导致美国非常轻易地从英国手中夺得了对这一战略要地的保护权。

然而也就是从 1895 年起，情况开始发生变化。首先，英国整体的对外政策开始进入一个调整期。在英国国内，霸权的衰微刺激了相当一部分人，英国政坛开始出现一种"重振帝国"的潮流，以约瑟夫·张伯伦为代表的一批保守党人士主张加强帝国内部的经济与政治纽带，以便更有效地与美国、俄国等"超大国家"相竞争，并要求改变自由党政府软弱无力的外交政策。1895 年 6 月，英国自由党政府下台，以索尔兹伯里为首的保守党重新执政，约瑟夫·张伯伦出任殖民地事务大臣一职。英国在欧洲大陆、地中海、非洲和拉美等地区的政策开始了较全面的调整。其次，从英国的拉美政策这一局部来看，由于外交上的节节败退，

---

1   George Monger, *The End of Isolation: British Foreign Policy 1900–1907*, London: Thomas Nelson and Sons Ltd, 1963, p.72.

加上出口市场不断丢失，英国国内社会对拉美的事务也越来越关注。到 1895 年夏秋，几家主要的英国商界报纸开始频频发出警告，指出美国贸易扩张与政治上的门罗主义存在着内在联系，"一种隐性的门罗主义像酵母一样在美洲的商业世界起作用"，因此英国"必须进行斗争"。[1] 而重新上台的英国首相兼外交大臣索尔兹伯里可以说是 19 世纪末仅次于俾斯麦的欧洲重量级外交家，老成持重，具有极强的政治定力和非凡的战略眼光。美国国务院的官员很快发现，英国的美洲外交路线出现了很大变化，对美国的态度明显强硬起来。早在 1895 年 4 月，英国曾因尼加拉瓜驱逐英国外交官而占领其西海岸城市科林托，后由萨尔瓦多帮助尼政府支付赔偿后英军方才撤出。为解决这一问题，英国还设立了一个仲裁委员会，当时答应其中一名成员由美国人担任。但到 1895 年 11 月，索尔兹伯里明确拒绝让一名美国人参加该委员会。美国国务院对此事非常敏感，在一份写给国务卿奥尔尼的报告上，第二助理国务卿阿尔维·埃迪用红笔批注道："国务卿先生：这是英国政策转向的一个重要标志。"[2] 正是在这样的一种背景下，委内瑞拉边界危机发生了。

---

1 Walter LaFeber, *The New Empire*, p.195.

2 Ibid., pp.227–228.

## 委内瑞拉—英属圭亚那边界问题的由来

委内瑞拉与英国殖民地英属圭亚那接壤。1841 年地理学家罗伯特·朔姆布尔克（Robert Hermann Schomburgk）对边境地区勘探并擅自划了一条边界线，即所谓的"朔姆布尔克线"，委内瑞拉政府自然提出抗议。但当时双方对此都不是特别重视，1850 年两国还同意不对争议区进行开发，基本实现了搁置争议。但到 1875 年，由于英国殖民当局以追捕逃犯为名派出一支小部队进入争议区，委内瑞拉政府再度抗议，并指出所谓的"朔姆布尔克线"侵占大量委内瑞拉的领土，合理的边界线应向英属圭亚那方向移动相当一段距离。更重要的是，此后不久在争议地区又发现了蕴藏量很大的金矿，让双方彻底打消了搁置争议的愿望，英国政府与委内瑞拉政府由此开始了新一轮谈判。1886 年谈判破裂，英国政府单方面宣布"朔姆布尔克线"就是委内瑞拉与英属圭亚那之间的边界线，两国还于同年中断了外交关系。

委内瑞拉非常清楚，自己不可能单枪匹马与英国抗争。所以 1875 年边界问题再度突出后，委内瑞拉驻华盛顿公使先后于 1876 年、1880 年、1881 年、1884 年和 1887 年向美国直接或间接地求助。[1]对此，美国政府一开始并没有接招。

---

1　Dexter Perkins, *A History of the Monroe Doctrine*, Boston: Little, Brown and Company, 1963, pp.171–172.

到 1886 年托马斯·贝阿德（Thomas F. Bayard）出任国务卿后，美国才比较明确地表露出介入的意愿。贝阿德本人就提醒英国注意门罗主义，并且提议美国可以出面仲裁此事。但由于英委两国很快中断了外交关系，这条建议实际上已经无法落实，而 1887 年 2 月英国首相索尔兹伯里兼任外交大臣一职后，英国干脆拒绝了仲裁建议。国务卿贝阿德在整个过程中感觉比较受气，在英委两国断交时还专门向英国递交了一份关于委内瑞拉边界问题的抗议照会，但被美国驻英公使爱德华·菲尔普斯（Edward J. Phelps）拦下，并未送到英国政府手中。[1]

尽管如此，美国政策还是慢慢地向介入争端的方向发展。1888 年，美国国会首次关注英国和委内瑞拉之间的边界争端，众议院还通过一项决议，要求政府提供相关的信息并确保此事的处理不违反门罗主义。不过，此时的美国政府总体上还比较谨慎，即使是具有明显反英倾向的国务卿布莱恩，也明确指示外交官不得对此事发表观点。[2]直到 1893 年克利夫兰政府上台后，美国的介入开始变得积极起来，从而导致了危机的爆发和英美的正面交锋。

---

1　Walter LaFeber, *The New Empire*, pp.243–244.

2　Dexter Perkins, *A History of the Monroe Doctrine*, p.173.

## 美国介入争端

### 委内瑞拉的公关工作与美国国内倾向

在一定程度上，美国介入英委边界争端是受到了委内瑞拉的影响。从 1870 年代开始，委内瑞拉就一直试图将美国拉入，到 1893 年年底公关力度明显加强。这里涉及一位重要人物，即美国人威廉·斯克鲁格斯（William L. Scruggs）。此公品行一般，曾任美国驻委内瑞拉公使，后因贿赂委总统而被美国政府解职。但委内瑞拉政府马上聘他为特别顾问，负责在美为委内瑞拉做宣传和公关工作。[1] 斯克鲁格斯在政府部门工作多年，深谙美国政界的规则和关注重点，因此他公关工作的核心就是写一本名为《英国侵略委内瑞拉，门罗主义受到考验》的小册子，在美国广为散发。与此同时，委内瑞拉政府还做了美国报界的工作，提供了大量与英属圭亚那边界争端的信息。应该说，作为一个昔日的殖民地，美国本来就对英国有一种根深蒂固的不信任，对英国在美洲的任何行动都倾向于进行负面解读。因此在委内瑞拉政府的公关工作之下，美国的政界和报界很快就接受了委方的说法，情绪也越来越激动。

1895 年 1 月 10 日，来自佐治亚州的众议员利奥尼达

---

1   John A. S. Grenville, *George B. Young, Politics, Strategy and American Diplomacy: Studies in Foreign Policy 1873–1917*, New Haven and London: Yale University Press, 1966, pp.132–133.

斯·利文斯顿（Leonidas F. Livingston）提出了一个决议草案，着重指出英国与委内瑞拉的边界争端涉及奥里诺科河的河口地区，由于该河是南美四分之一地区的内陆贸易干线，一旦英国控制河口，就会"至少引起三个南美共和国的商贸和政治制度发生革命性的变化"。这基本就是斯克鲁格斯那本小册子的观点，而利文斯顿的行动也与斯克鲁格斯的不断怂恿有很大关系。[1] 在强调具体利益的同时，利文斯顿还非常高调地把争端与门罗主义联系在一起："（放弃门罗主义）就是放弃国家的尊严，使我们成为文明世界的笑话……美国人民永远不会同意这么做。"[2] 他的提案在国会很快引起了强大共鸣，众议院和参议院于2月6日和10日均以全票通过，并于20日由总统克利夫兰签署生效。这一决议虽然只是提出"建议利益攸关的双方考虑接受仲裁"，用词也相对温和，但国会两院在讨论决议过程的发言和全票通过的气势已经表明了美国在这一问题上的态度，对国内舆论也起了推波助澜的作用。

从1895年3月起，很多美国报纸，特别是好战派（Jingoist，或称"金戈主义"）报纸也越来越站在委内瑞拉一边，而且基本一边倒地接受了委方对于争端的解释。像《纽约论坛报》就认为事实"非常简单"，即争议区土地属

1　John A. S. Grenville, *George B. Young, Politics, Strategy and American Diplomacy*, pp.142–145.

2　Dexter Perkins, *A History of the Monroe Doctrine*, p.174.

于委内瑞拉，英国纯粹出于贪婪而试图抢夺。而《纽约太阳报》更是宣称，如果委内瑞拉被迫为他们的权利而战斗，那么"美国公民有义务提供支援"。[1] 到五六月间，美国的部分政要也开始放狠话，比较典型的就是参议员亨利·卡伯特·洛奇在《北美评论》上发表的《英国、委内瑞拉和门罗主义》一文。这篇文章在涉及门罗主义的发展历史上出了不少错误，但作为一篇政治檄文，它还是非常有冲劲的。洛奇以不容辩驳的语气宣称，英国的意图就在于控制奥里诺科河河口，而"美国人民不准备放弃门罗主义，也不准备放弃在西半球的主宰地位。正相反，他们现在准备为确保这两项目标而战斗"。[2] 他还提出，即使英国的动机不是要控制河口，那也没有改变问题的性质，因为"我们关注的是美国的利益。如果允许英国占领尼加拉瓜的一个港口，再进一步允许它占领委内瑞拉的部分土地，那么法国和德国也会这么做"。最终，他用一句极具煽动性的话进行总结："门罗主义的主宰地位必须立即得到确立——如果可能的话就和平确立，如果必要的话就强行确立。"[3] 在这种情势下，美国政府的立场也不可能不强硬起来。

1　Nelson M. Blake, "Background of Cleveland's Venezuelan Policy," *The American Historical Review*, vol.47, no.2 (Jan. 1942), p.263.

2　Ibid., p.652.

3　Henry Cabot Lodge, "England, Venezuela, and the Monroe Doctrine," *The North American Review*, vol.160, no.463 (Jun. 1895), pp.657–658.

## 克利夫兰政府的政策

不过，如果说克利夫兰政府是被委内瑞拉的公关工作拖入争端，那绝对是一种误导。在这一争端中，美国一直是从自身的国家利益，而不是从委内瑞拉的利益来看待和处理整个事情的。而且，克利夫兰政府在英委边界争端问题上的做法本身就有很多国内政治的考虑。

克利夫兰政府上台不久，美国就遭受了严重的经济和社会危机，而海外贸易扩张则被看成走出危机的主要途径。对于拉美这一贸易扩张的重点地区和传统的政治后院，总统和国务院自然关注有加。尤其是当美国商品大规模进占拉美市场之时，美国更是高度提防英国等欧洲列强可能进行的反击。在这样的情况下，英国在拉美的任何行动、与拉美国家的任何冲突，都会被美国从英美较量的角度来解读。特别是在1895年，英法与拉美国家的小冲突不断。这在美国政府看来就是欧洲列强试图重新巩固和扩大在拉美的地盘，第二助理国务卿埃迪就形容英国正在南北美洲进行一场"抢地竞赛"。[1] 所以，从一开始克利夫兰政府就不是孤立地看待英委边界争端，而是将它作为美国与欧洲列强争夺拉美主导权的一系列较量之一。

为此，美国对英委边界争端的政策集中于两个要点：

---

1　Walter LaFeber, "The Background of Cleveland's Venezuelan Policy: A Reinterpretation," p.958.

一是要求由美国来仲裁这一争端，这一点克利夫兰在 1894 年底的总统咨文中就已经提出；二是防止英国控制奥里诺科河的河口地区。美国早就发现，英国对争议区的领土要求是不断变动的，不仅超过了原来的"朔姆布尔克线"，而且向奥里诺科河的河口地区扩展。总统克利夫兰本人对此十分关注，据说他曾于 1895 年 4 月向来访者摊开一张大地图并详细讨论英国对河口地区的要求。在国务院方面，国务卿格雷沙姆对奥里诺科河河口同样敏感。1894 年下半年委内瑞拉以中止走私为名关闭河口时，格雷沙姆马上施加外交压力并强调美国的利益。[1] 委内瑞拉政府就势向美国发外交照会，强调英国一旦控制河口将严重妨碍美国贸易利益。实际上美国在自己的利益问题上从来不需要提醒。1895 年 1 月，美国向英国提出抗议，称"英国（对争议地区领土）的要求是变化的，不断向西移动的"。[2] 3 月，当美国得知英国的要求将包括奥里诺科河河口区时，格雷沙姆向英国展示出了少有的强硬，其函件称英国在边界问题上的立场是"矛盾的，而且明显是不公正的"，"如果英国在该问题上继续采取这种立场，鉴于我们政府中几乎完全一致的态度和政策，我们将被迫叫停"。[3]

---

1　Walter LaFeber, "The Background of Cleveland's Venezuelan Policy: A Reinterpretation," p.961.

2　Walter LaFeber, *The New Empire*, p.254.

3　Ernest R. May, *Imperial Democracy*, p.39.

不过格雷沙姆的路线总体上还是过于稳健，也过于看重英美友好关系，不太符合克利夫兰的要求。对于总统来说，重要的不仅仅是国家利益，还有国内政治利益。他这届政府一上台就同时卷入了货币本位和关税这两场大争斗，虽然勉强占了上风，但仍受到共和党和民主党内部反对派的强大反弹。在外交方面，克利夫兰因为坚持不兼并夏威夷而得罪了大多数扩张主义者（其中包括民主党内的重要人物、参议院外交关系委员会主席约翰·摩根），而在拉美问题上的相对谨慎又被攻击为"亲英"。更有甚者，反对派还将克利夫兰的货币和关税政策也贴上"亲英"的标签，如攻击金本位政策"服务于英国金融巨头"，把低关税称为"迎合英国的自由贸易政策"，等等。[1] 这些自然会影响到克利夫兰政府及民主党的国内支持率。到1894年国会选举时，民主党遭遇重挫，在参众两院均从多数派沦为少数派。[2] 而在委内瑞拉边界争端上，共和党又以捍卫美国地位的形象出现，与民主党进一步争夺国内政治基础，特别是民主党的传统票源、主要的反英群体——爱尔兰裔美国人。在这种情况下，克利夫兰政府迫切需要用一种强势的外交行动来挽回国内支持率，回击那些反对者，特别是民主党内部的反对者。他在一封私信中写道："在适当的

---

1　Nelson M. Blake, "Background of Cleveland's Venezuelan Policy," pp.260–261.

2　R. Hal Williams, *Years of Decision*, p.162.

时候人们就会发现，政府并没有睡着。而好多个世纪之前
从猪身上赶出去的恶灵恐怕现在附体在一些所谓的民主党
领袖身上。"[1] 所以，当国务卿格雷沙姆于5月因病去世后，
克利夫兰马上任命被称为"24英寸大炮"的司法部长理查
德·奥尔尼为新的国务卿。

　　作为一个政治人物，奥尔尼有两大特点，一是狂热地
信奉美国的海外扩张是"天定命运"，而且相信"美国世
纪"将从他任国务卿开始；二是做事风格强悍，富于攻击
性，甚至有点不顾后果。任司法部长期间，他就悍然派联
邦军队镇压普尔曼工人大罢工，引起舆论哗然，人们普遍
担心这将导致集权政治。这种风格同样体现在他的私人生
活上。奥尔尼曾经一怒之下将女儿赶出家门，并发誓不再
见她，结果他虽然和女儿同处一个城市，还是坚持了整整
三十年不见面。所以，克利夫兰任命这样一个人担任国务
卿，就意味着美国在英委边界争端上的政策要出现一次大
的调整，争端本身也将从一般性事件演变为一场危机。

## 奥尔尼照会

　　奥尔尼担任国务卿后，立即着手处理英委边界争端，
并迅速展现出自己的风格。首先，他一改格雷沙姆时期与
委内瑞拉政府保持联系的做法，转而抛开委内瑞拉，把此

---

[1]　Nelson M. Blake, "Background of Cleveland's Venezuelan Policy," p.269.

事完全变成美国政府的单独行动。[1] 其次，他受克利夫兰之托，精心准备了一份给英国政府的照会，其思路和行文也完全是奥尔尼式的，极为强悍。7 月初，奥尔尼就完成了照会初稿并交由克利夫兰审阅。克利夫兰看后大加赞赏，称"这是我读过的这一类文稿中最好的……你充分地展示了门罗主义，并将其置于一个更好、更易于维护的位置。这一点你比你所有的前任都要做得好，也比我做得好"。克利夫兰最后对照会略微改动了一下，以稍稍"缓和语气"，并于 7 月 20 日发出了这一著名的照会。[2]

奥尔尼的照会有近二十页之多，是一篇外交长文。其中主要涉及四个方面：一是英国和委内瑞拉边界争端的由来和美国以往的立场；二是详细地阐述了门罗主义。文中除了简要回顾门罗主义的历史，还多次从法理角度对门罗主义进行强调，比如称其是基于"美国公共法的原则"，要求"将欧洲列强强制性地对一个美洲国家进行政治控制视为对美国的侵害"。顺着这一逻辑，美国可以根据"国际法公认的标准"，干预其他国家间的争议，只要其可能对美国产生"严重的直接影响"。三是强调美国在美洲的主导地位。奥尔尼指出，美国在实力还不强的时候就已经坚持门罗主义，更何况美国已经拥有无可争辩的优势地位："今

---

1 George B. Young, "Intervention under the Monroe Doctrine: The Olney Corollary," *Political Science Quarterly*, vol.57, no.2 (June 1942), p.251.

2 Ernest R. May, *Imperial Democracy*, p.40.

天美国事实上是这块大陆的主宰……不是单纯的友谊或者感受到（美国）的善意……而是无尽的资源和孤立的位置，使它成为形势的主宰，而且事实上其他任何国家都无法侵害它。"四是否认英国具有美洲国家的资格。奥尔尼专门提出，英国在美洲拥有的大量殖民地并不能说明它是一个美洲国家，相反，"由于相隔4800多公里的海洋，一个欧洲国家和一个美洲国家之间任何永久性的政治联系都是不自然的，不合宜的"。在用大篇幅进行说理的同时，奥尔尼的重点当然还是委内瑞拉边界争端。他指出，英国当前的政策不可避免地会被美国认为是"对委内瑞拉领土的入侵和征服"，"在这种情况下，美国总统的责任就是明确无疑的、紧迫的……这件事情将被视为对美国人民利益的侵害，而且由于忽视这个国家的荣誉和福利所系的、久已确立的政策，它本身也是压迫性的"。如果英国拒绝仲裁，那么问题将提交到被宪法赋予了宣战权的美国国会。最后，照会还敦促英国在12月总统向国会发表国情咨文之前答复。[1]

克利夫兰和奥尔尼都清楚这个照会的严重性。按克利夫兰的想法，英国的答复无论如何都会在他12月向国会发表国情咨文之前到达。这样不管哪种具体答复，他都可以将照会与英国的答复一起提交国会：如果英国让步，他可

---

1　*Papers Relating to the Foreign Relations of the United States, with the Annual Message of the President*, December 2, 1895, part 1, Washington D.C.: U.S. Government Printing Office, pp.545–562.

以在国内政治中轻易得分；如果英国不让步，他可以向国会要求宣战权或进一步发出威胁，同样会有助于塑造一个强有力的政治形象。然而当照会发到美国驻英国大使馆后，驻英大使托马斯·贝阿德却不甚积极。此人在任国务卿时虽然试图干涉这一争端，但后来对盎格鲁－撒克逊传统越来越青睐，对委内瑞拉的政治风格却表示反感。在1893年任美国驻英大使后，[1] 他转而成为主张英美友好的主要人物之一。所以在整个争端过程中，贝阿德作为大使在执行国务院的政策方面经常是打折扣的。收到奥尔尼的照会后近半个月，贝阿德才将照会的副本递交给英国首相兼外交大臣索尔兹伯里，而索尔兹伯里只是简单地瞟了一眼，回答说如此精心准备的一份声明是不能很快答复的，[2] 结果就将此事搁置起来了，而且一拖就是四个月。

## 英美正面交锋

动用国内政治程序来处理外交事务是美国外交的一大特色。美国对英委边界争端的干预立场早期就是通过国会决议而不是国务院的照会来体现的，而到1895年下半年争

---

1　1893年英美外交关系从公使级上升为大使级，贝阿德成为首任驻英大使，英国驻美公使庞斯富特也坐地升官，成为大使。此举也反映出英国对美外交的重视程度有所上升。

2　Charles S. Campbell, *The Transformation of American Foreign Relations*, p.205.

端升级时，美国又以总统向国会发表国情咨文这一形式，一下子把危机推到了顶点。

## 危机升级和索尔兹伯里的回复

1895 年 7 月 20 日的照会递交后，国务卿奥尔尼就不断催促英国方面回复，但英国政府一直迟迟未动。这一照会本来是严格保密的，在美国国务院也仅有少数几个人知道。但到了 10 月，有关照会的一些信息还是泄露了出去，引起报界的极大兴趣，尤其是奥尔尼要求英国在 12 月之前答复，被误传为美国提出"为期九十天的最后通牒"。正当两国报纸开始就此事进一步争吵时，英国向委内瑞拉突然发出了一份限期三个月的最后通牒。

表面上看，该通牒与边界争端并没有直接联系。早在 1895 年 1 月，委内瑞拉在争议区内靠近英属圭亚那的地方扣押了两名英国军官和六名警察，此事一直悬而未决。索尔兹伯里政府上台后，英国立场一下子强硬起来，并要求赔偿 1500 英镑。到 10 月，英国政府突然提出最后通牒，要求委内瑞拉政府三个月内作出答复，否则英国将采取"其他措施直到获得满意的答复"。与此同时，英国外交部又迅速向美国作出保证，称该最后通牒"无论如何都与边界争端无关"。[1] 但无论英国政府的本意如何，这一行动都是对

---

1　Walter LaFeber, *The New Empire*, p.263.

委内瑞拉的敲打，而且"规避而非挑战了门罗主义"。两国的报纸也马上将这一行动解读为边界危机的升级，而且都使用了比较激烈的语言，如《纽约论坛报》就将其形容为对美国"迎面一个耳光"，英国《泰晤士报》则称赞"索尔兹伯里勋爵的这一最后通牒来得非常及时"，代表英国帝国主义激进派的《圣詹姆士报》更是直言不讳地要求"美国最好和英国一起让这些西班牙–印第安野蛮人守规矩"。[1]美国的政客们对此更是作出了强烈反应。最主要的几个好战派人物——参议员亨利·卡伯特·洛奇、助理海军部长西奥多·罗斯福等人都向报界发出强硬评论。洛奇本人还在一封私信中写道："如果我们让英国以索要赔偿的名义，实际却为了领土而入侵委内瑞拉，就像在科林托事件中一样，那我们在美洲的主宰地位就完结了。"[2]在著名期刊《北美评论》上，共和党的两名众议员联合发表了《我们在委内瑞拉的责任》一文，明确宣称对于英国在美洲扩大殖民地的行为，"无论通过条约，还是购买、征服或是像它对付委内瑞拉的那种隐蔽蚕食，美国人民都会运用全部的力量来抵制"，而门罗主义"必须被接受为国际法的原则"。[3]

　　正是在这样的一种氛围之下，美国政府终于收到了英

---

1　Nelson M. Blake, "Background of Cleveland's Venezuelan Policy," p.271.

2　Ibid., p.271.

3　Joseph Wheeler and Charles H. Grosvenor, "Our Duty in the Venezuelan Crisis," *The North American Review*, vol.161, no.468, (Nov. 1895), p.629.

国首相索尔兹伯里的回复照会，但在时间上已经出现了问题。英国外交部将回复副本送到美国驻英大使馆是在 11 月26 日，即在奥尔尼所要求的时间期限之前，并于 27 日将回复正本由海路送往华盛顿。但美国大使馆却不知出于何种考虑，既没有向华盛顿发电报，更没有告知大致内容。[1] 结果总统克利夫兰于 12 月 2 日向国会发表年度咨文时，只能坦言没有收到英国政府的回复，而国务卿奥尔尼则到 12 月 6 日才收到由海路送来的回复正本。

从外交文献的角度来看，索尔兹伯里长达十多页的回复无疑是非常犀利的，既体现了一名老牌政治家的分量，又带有老牌帝国的傲慢。其内容主要分为两部分：一是关于门罗主义，二是关于英委边界争端。索尔兹伯里先退一步，承认"门罗主义必须得到尊重，因为它由一个伟大的政治家提出，被一个伟大的国家所采纳"。但他话锋一转，马上又指出"国际法建立在各国同意的基础之上。因此无论多伟大的政治家、多强大的国家都不能将一条新奇的、从未被其他任何国家政府接受过的原则加入国际法的准则中"。这样就彻底否定了门罗主义作为国际法的有效性。他还非常聪明地指出，奥尔尼"创造性的想法实际上使美国成为拉美国家的保护者"，而具有"智慧和远见"的门罗

---

1　John A. S. Grenville, George B. Young, *Politics, Strategy and American Diplomacy: Studies in Foreign Policy 1873–1917*, p.166.

一定会强烈地反对这一点。至于奥尔尼提出的涉及美国的"尊严和利益"，索尔兹伯里则针锋相对地指出这些超出了传统的门罗主义的范畴，并要求美国说明到底是什么样的利益，还揶揄美国不能"仅仅因为它们地处西半球"就说这些独立国家同自己利益攸关。在关于英属圭亚那与委内瑞拉的边界争端仲裁问题上，索尔兹伯里明确指出英委争端与"任何其他国家的实际利益没有直接关系"，并举了一系列历史事实，基本驳倒了奥尔尼照会中关于英委边界的说法。他还用一种嘲讽的语气写道："有理由问一下，如果墨西哥政府因为大片土地被美国夺走而要求另一个大国进行仲裁，奥尔尼先生是否会同意。"[1]

## 克利夫兰总统咨文与危机顶点

在拖延了如此长时间后，美国收到的却是这样一份回复。克利夫兰和奥尔尼的愤怒心情可想而知。克利夫兰写道：如果"伟大的门罗主义……只是一种我们用来自娱的玩意"，那么美国就非常可悲了。作为回应，奥尔尼马上起草了一份总统对国会的特别咨文。12月15日，克利夫兰在回到华盛顿后当晚，就会同奥尔尼和陆军部长丹尼尔·拉蒙特（Daniel S. Lamont）商量，而后又独自一人花了几乎

---

1  *Papers Relating to the Foreign Relations of the United States, with the Annual Message of the President*, December 2, 1895, part 1, Washington D.C.: U.S. Government Printing Office, pp.563–576.

一整夜时间推敲和修改奥尔尼起草的咨文。这份修改过的咨文在 17 日早晨向内阁宣读，却根本不要求任何修改建议，18 日下午就直接送到国会。

克利夫兰的咨文一开始就是为门罗主义辩护，用的语言比较意识形态化，有意张扬一种道德优越感，对真正的逻辑和道理实际上不感兴趣。咨文宣称，门罗主义是"强大而坚实的，因为它对我们的和平与国家安全很重要，对我们自由体制的完整，对保持我们独特的政府组织形式很关键"，这样的原则"只要我们的共和国存在就不可能过时"。关于门罗主义是否属于国际法的问题，咨文并没有正面回答，而是提出"每个国家应保护自己的权利，这是国际法原则的理论基础，门罗主义与之相符"。[1] 在实质性问题——委内瑞拉边界争端上，咨文提出美国要成立专门的委员会来调查边界争端。这里需要指出的是，奥尔尼起草的文件与克利夫兰修改后的文本有一定差异。在奥尔尼的草稿中是这样写的："当此种（调查）报告完成并被接受后，本政府有责任告知英帝国边界线已经确定，英帝国任何超越该线来侵占领土或扩展司法管辖权的行为（得到委内瑞拉同意的除外）将被视为蓄意侵犯本政府决心保护与保卫之权利和利益，本政府将采取相应行动。"而克利夫兰的修改稿则是："当此种调查报告完成并被接受后，依我

---

1　Walter LaFeber, *The New Empire*, p.268.

之见，美国有责任使用任何可能的手段来抵抗对其权利和利益的蓄意侵犯。英帝国侵吞或将任何司法管辖权扩展到我们经调查决定属于委内瑞拉的任何领土，都属于这种侵犯。"最后克利夫兰还加上一句："在作出这些建议时，我充分认识到将因此而带来的责任，以及可能造成的后果。"[1]可以看出，克利夫兰修改过的稿子在具体的尺度上更含糊一些，但语气上明显更加强烈，已经接近于战争威胁。但有一点值得关注，那就是克利夫兰在总统咨文中高调发出威胁的同时，也留下了处理问题的"安全阀门"，尤其是成立委员会来调查边界问题需要相当一段时间，而且很有弹性。这就为外交谈判留出了充裕时间，对此英国外交部和索尔兹伯里自然会加以注意。

不过，一般公众和政客不可能看到这种外交上的细腻之处。在绝大多数人看来，克利夫兰咨文是美国这个崛起大国对英帝国的一次公开的、直接的挑战。英美两国国内一下子群情激昂，危机也被推到了顶点。在英国方面，当克利夫兰的咨文传到后，舆论一片哗然。一般来说，英国的自由主义报纸倾向于将英国在国外的麻烦归咎于国内的帝国主义者，认为争端肯定是英国窃取委内瑞拉的领土所引起的。但即使如此，像《每日新闻报》这样正统的自由主义报纸也认为美国关于门罗主义的解释是"无法容忍

---

1　Ernest R. May, *Imperial Democracy*, p.42.

的"。其他的报纸更加激动，如《泰晤士报》就称，美国的行为是"骇人听闻的、侮辱性的"，《每日电讯报》也称美国的说法"完全无法接受"。[1]

　　美国人的情绪则更加激动。克利夫兰的咨文在国会获得了参众两院的热烈鼓掌（参议院按传统是不允许鼓掌的）。报纸也跨越了党派之见，一片叫好。爱国热情和好战热情在美国民众中同时被激发出来，很多参加过内战的老兵纷纷向陆军部写信请战，甚至一些商会中的雇员都穿上了独立战争的军服上街游行，并敲打平底锅，高唱爱国主义歌曲。按历史学家欧内斯特·梅的话来说，"在整个国家，很多人把克利夫兰的声明看成是冬天里的 7 月 4 日（美国国庆节）"[2]。一些传统上就以反英著称的群体（如爱尔兰裔美国人）更是倍感振奋，"全国爱尔兰人联盟"甚至要求提供十万人以征服加拿大。一时间，美国到处都在谈论与英国的战争。英国驻美大使庞斯富特向首相索尔兹伯里报告称："国会和整个美国都被这一好战的咨文带入了极度兴奋的状态……这种状态只能被称为歇斯底里。"[3]一时间，英美这两个盎格鲁—撒克逊大国似乎走到了战争的边缘。

1　Dexter Perkins, *A History of the Monroe Doctrine*, p.180.

2　Ernest R. May, *Imperial Democracy*, p.56.

3　Charles S. Campbell, *The Transformation of American Foreign Relations*, pp.209–210.

## 国内情绪的转折

也许是出于民族自豪感，美国历史学家倾向于把索尔兹伯里形容为"低估"美国的关切和决心，因此面对美国人"急于求战"的局面感到"莫名其妙"。[1] 不过，这显然与事实相去甚远。

面对群情激昂的美英两国公众，英国政府保持了冷静，尤其是首相兼外交大臣索尔兹伯里。此前他已经两度出任英国首相兼外交大臣，一次出任外交大臣。早在1880年代，索尔兹伯里作为首相兼外交大臣就与克利夫兰打过交道，当时美国与加拿大之间渔业争端激化，时任美国总统的克利夫兰在国内压力下采取了反守为攻的策略——宣布要与英帝国展开一场经济战，结果国内反对派退缩，渔业纠纷也得到了顺利解决。索尔兹伯里对此事一直印象深刻，很可能认为克利夫兰在委内瑞拉问题上也使用同样的战术。另外，作为一个现实主义政治家，他相信实力对比。当时英美在军事力量（主要是海军力量）方面仍处于明显的不平衡状态。美国比较先进的大型军舰只有一艘一级主力舰、一艘装甲巡洋舰，两艘二级主力舰还在建造中。而英国拥有十六艘最先进的装甲巡洋舰，主力舰则超过三十六

---

1 Warren I. Cohen (ed.), *The Cambridge History of American Foreign Relations*, vol.2, p.125.

艘。[1] 所以，索尔兹伯里不认为美国会在这种不利的情况下
贸然开战。还有，索尔兹伯里的政治定力从来都是极强的，
即使在与俾斯麦这样的外交大师的反复对阵中也没有慌乱
过，从而也没有怎么失过分。因此，在委内瑞拉危机的顶
峰时期，他的对应方式仍体现其一贯风格。当英国海军大
臣乔治·戈申要求部分舰队进行临战准备时，索尔兹伯里
很不以为然，并向其保证整个事件会自然地平息下去。在
给英国女王的电报中，他同样强调克利夫兰的咨文并非意
味着战争："给我的印象是，如果我们保持平静，（美国人
的）这种情绪将慢慢消失。"[2] 索尔兹伯里甚至拒绝马上召开
内阁会议来商讨此事，他的理由是这么做只会引起国内紧
张，结果英国政府内阁迟至 1896 年 1 月的第二周才开会。

　　在这段时间里，美国的舆论确实发生了很大变化。在
最初的一片爱国狂热和战争狂热中，美国商界，特别是金
融界的一些人士却开始担心这种狂热可能造成的经济后
果。纽约商会前主席查理·史密斯（Charles Stewart Smith）
得知照会内容后就极为愤怒，认为克利夫兰的行动"如果
按法律追究的话……将会成为一项世纪罪行，仅次于向萨

---

1　Stephen Howarth, *To Shining Sea: a History of the United States Navy 1775–1991*, London: Weidenfeld & Nicolson, p.242.

2　George Earle Buckle（ed.），*The Letters of Queen Victoria 1886–1901* (3rd series), vol.2, London:John Murray, 1931, pp.581–582.

姆特要塞[1]开火"，并试图马上召集纽约商会的特别会议来谴责总统的行动。国务卿奥尔尼的弟弟彼得·奥尔尼也从纽约来信，称纽约的大银行家和大商人中"有一股指责（咨文）的潜流"。[2]在另一个金融重镇波士顿，一些金融家也持同样观点。新英格兰自由贸易协会和波士顿证券交易所的几个头面人物就通过决议并向总统递交请愿书，反对与英国交恶。一位兼任波士顿一家大保险公司总裁的著名经济学家在接受记者采访时可能过于激动，连说"这件事可笑！可笑！可笑！"据说他每喊一个"可笑"声音就提高一度，直至嘶哑。[3]金融市场的反应说明这部分人的担心不是杞人忧天。纽约证券市场在17日咨文发出的当天出现短暂的恐慌性下跌，但很快企稳。不过到了12月20日，英国投资者的大量抛售终于触发了金融市场的暴跌，纽约证券市场遭到重挫，损失达1.7亿美元（这在当时是一个天文数字），五家公司因此倒闭，贷款利率在几个小时内上涨了80%，同时还有价值340万美元的黄金流出美国，[4]使本已紧张的黄金储备雪上加霜。所以，发表委内瑞拉问题

---

1 萨姆特要塞位于美国南卡罗来纳州，1861年4月12日，已经退出联邦的南方军队进攻萨姆特要塞，拉开了南北战争的序幕。

2 Walter LaFeber, "The American Business Community and Cleveland Venezuelan Message," *The Business History Review*, vol.34, no.4 (Winter, 1960), p.394.

3 Ibid., p.395.

4 Walter LaFeber, "The American Business Community and Cleveland Venezuelan Message," pp.396–397.

的咨文仅三天后，克利夫兰就不得不再对国会发表一篇总统咨文，主题则变成了如何应对灾难性的金融局势。

　　1 月 20 日的纽约证券市场重挫最后由于美国本土买家的接盘而得到遏制，从历史的眼光来看，这确实是美国资本成长起来的一个标志性事件。但从当时危机处理的角度看，美国报纸所宣扬的"美国金融有能力照顾自己"并没有太多的说服力，这场严重的金融动荡使很多人，特别是商界人士看到一旦真的与英国开战会带来什么后果。《华尔街日报》宣称，美国金融界普遍认为政府"犯下了大错"。[1] 不少地方的商会也开始转变态度，像纽约、波士顿、费城等地的商会则开始公开反对总统。这种局面当然使克利夫兰很泄气，在一封信中他写道："那些赞扬和吹捧我的人……一旦我对国家的职责使我打断了他们的赚钱计划时就马上转而指责我，没有什么事情比这更伤害我了。"[2]

　　实际上，这种转变绝不局限于商界。对于大众来说，抽象的爱国和战争往往能激发起巨大的热情，但真正的战争危险临头却是另外一回事，尤其是一场代价可能十分高昂的战争。美国有几份好战派报纸一直高调反英，但咨文发表几天后，这些报纸却好像被民众的好战热情和美英战争前景所震惊，转而呼吁冷静处理与英国的关系。著名的

---

1　Dexter Perkins, *The Monroe Doctrine 1867–1907*, p.197.

2　Ernest R. May, *Imperial Democracy*, p.58.

沙文主义报纸、约瑟夫·普利策（Joseph Pulitzer）的《纽约世界报》更是一变其强硬风格，公开要求和平解决争端。美国的新教团体同样经历了这种戏剧性的转变。在克利夫兰咨文刚发表时，美国各新教团体普遍表示积极支持，但几天以后就开始转而呼吁和平、妥协与和解。其中，新教圣公会和不少新教团体本来就是亲英的，风向转变后很快又回到了原来的立场，一场有三百万人参加的新教团体集会上甚至还同时打出了英美两国的国旗。而在咨文发表几周以后，绝大多数新教团体都已经转变立场，原先支持总统咨文的宗教报纸中只剩下两家还在表示支持。一位宣称"美国将举国团结迎接战争"的编辑在 12 月 26 日写道："战争似乎已经过去了。教会再次证明他们是要求和平解决的一支力量。"[1] 在美国的知识界，很多人也不赞同克利夫兰的做法。美国著名哲学家威廉·詹姆斯在一封信中愤怒地写道："克利夫兰明确地暗示战争，这就犯下了我所见过的最大的政治罪行。"[2] 美国大学中的教授和学生也越来越多地开始表示反对，很多大学出现了大规模的学生集会，要求在讲英语的两个大国之间实现和平。

在这种情况下，一些好战派的领军人物仍在坚持。西奥多·罗斯福称："真心希望我国人民的情绪不要有任何消

---

1　Ernest R. May, *Imperial Democracy*, p.58.

2　Charles S. Campbell, *The Transformation of American Foreign Relations*, p.210.

退。我不在乎我们的沿海城市会不会遭到炮击；我们将攻下加拿大。"[1] 参议员洛奇在国会讲演时，还要求关注英国在加拿大和加勒比海地区加固军事要塞的情况，从而努力给公众造成一种英国打算"包围美国"的印象。[2] 但像他们这样的毕竟是少数，克利夫兰总统重要的政治盟友、来自得克萨斯州的民主党参议员罗杰·米尔斯告诫说："总统先生，我们卷入与英国的冲突可不是一场儿戏。"[3] 而对总统克利夫兰来说，这一点不需要任何人来提醒，因为与英国的战争从一开始就不在他的考虑之列。到 1895 年 12 月底，美国国内形势的发展变化明显超出了他的预期，对英国的"战争边缘政策"不仅没有争取到多少国内反对派的支持（银本位主义者、保护关税主义者等在国内问题上完全没有妥协的迹象），相反，自身阵营中却出现了严重不满。在这种情况下，克利夫兰一方面被迫声明他在这场危机中"不存在任何国内动机"，另一方面，他和奥尔尼不得不对整个危机处理的政策进行紧急调整，立即开始追求一个体面、和平的解决方式。

---

1　Warren I. Cohen (ed.), *The Cambridge History of American Foreign Relations*, vol.2, p.125.

2　Jennie A. Sloan, "Anglo-American Relations and the Venezuelan Boundary Dispute," *The Hispanic American Historical Review*, vol.18, no.4 (Nov. 1938) p.488.

3　Walter LaFeber, *The New Empire*, p.271.

# 危机的解决

## "克鲁格电报"事件

美国国内情绪的转变，为危机解决创造了最关键的条件。因为相比较而言，英国国内舆论虽然同样激动，但公众情绪中似乎更多的是惊愕，而不是愤怒，更谈不上好战。1896 年 1 月 3 日，德皇威廉二世给南非布尔人共和国德兰士瓦总统克鲁格发了一封贺电，祝贺他挫败了英国人的武装袭击。这一著名的"克鲁格电报"给了英美两国一个下台阶的好机会，使危机迅速从顶点进入平稳的解决阶段。

对于英国来说，德国皇帝的愚蠢行为是继克利夫兰咨文之后的又一次强烈刺激，同时也是一次很好的出气机会。因为对于美国的行为，英国社会多多少少还有忍气吞声的一面，但这种愤懑情绪是需要发泄的。而此时跳出来的德国，既不具有所谓盎格鲁-撒克逊的共同纽带，又没有美国那样强大的实力，所以英国完全可以无所顾虑地反击。殖民地事务大臣张伯伦深谙这一点，在 1 月 4 日给首相索尔兹伯里的信中写道："对哪一个敌人进行反击是无关紧要的，要紧的是我们应该对其中的某一个进行反击。"而在他提出的四条建议中，与美国和解无疑是最具有倾向性的选项。[1] 这样，戏剧性的一幕就出现了。在英国，愤怒情

---

1　James Louis Garvin, Julian Amery, *The Life of Joseph Chamberlain 1895–1900*, vol.3, London: Macmillan & Co., 1934, pp.95–96.

绪毫无保留地向德国宣泄，各家报刊异口同声地谴责德国，居住在伦敦东区的英国码头工人攻击德国工人和水手，德国商店被砸，德国商人的贸易活动到处受到抵制，连德国驻英大使哈兹菲尔德也收到了不少恐吓信。在美国，则出现了不少同情英国、反对德国的言论，要求实现英美和平的主张一下子变得更有市场了。

面对这种情况，英美两国政府都暗自松了一口气。1月9日，索尔兹伯里向维多利亚女王保证，美国人已经从原先"极端的立场"后退。[1]1月15日，索尔兹伯里的外甥、下议院多数党领袖阿瑟·贝尔福（Arthur Balfour）在曼彻斯特的演说中，公开宣称期待能够确立一种原则，确保两个"讲英语的国家间不可能爆发战争"。第二天《泰晤士报》就刊登了这一讲稿，在英美两国都引起了很大反响。而当美国报业大亨普利策的《纽约世界报》向英国上层社会征集主张英美和平的观点时，坎特伯雷大主教、伦敦主教、自由党前首相罗斯伯里等重要人物都予以了响应，甚至威尔士亲王（后来的国王爱德华七世）和约克公爵（后来的乔治五世）都作了积极的答复。[2]殖民地事务大臣张伯伦在这些和平要求上又更进一步，提出要与美国达成一项综合性的仲裁条约，以便解决所有类似的分歧。

1　George Earle Buckle（ed.），*The Letters of Queen Victoria, 1886–1901* (3rd Series), vol.3, London: John Murray, 1932, pp.13–14.

2　Dexter Perkins, *A History of the Monroe Doctrine*, p.182.

在这样的氛围下，英国首相索尔兹伯里终于在 1 月 12 日召开了内阁会议，正式讨论解决委内瑞拉边界危机。索尔兹伯里原先坚持"朔姆布尔克线"以东的地区不可谈判，此时立场也略有灵活，只是坚持有英国人居住的地区不可谈判，并强调英国不能在美国的压力面前无条件后退。内阁会议最后决定对美国提出三点方案：(1) 召开国际会议以讨论门罗主义是否具备国际法效力；(2) 对委内瑞拉－英属圭亚那边界争端是否适用门罗主义进行仲裁；(3) 成立边界委员会或仲裁委员会来决定英属圭亚那和委内瑞拉之间无人定居的地区，有英国人居住的地区则免于仲裁。[1]在美国方面，1896 年 1 月委内瑞拉边界争端调查委员会成立，但国务卿奥尔尼的立场开始变得灵活起来。他先是阻止了参议院外交关系委员会提出一项要求实践门罗主义的动议，同时又与来自各种渠道的英国代表进行接触，两国谈判就此开始。

边界问题谈判

大约从 1896 年 1 月开始，英美抛开正式的外交渠道，进行了一系列"非正式外交"。比如英国方面曾派出记者亨利·诺曼（Henry Norman）前往美国与奥尔尼接触，并传回两条重要信息：一是美国愿意在委内瑞拉边界争端调查

---

1　Ernest R. May, *Imperial Democracy*, p.50.

委员会中加入英国政府的成员；二是美国希望达成一项广泛的仲裁条约。英国著名化学家普莱费尔（Lyon Playfair）也作为首相索尔兹伯里的中间人与美国驻英大使贝阿德沟通，向美方传达了英国内阁会议的三条建议。在美国方面，国务卿奥尔尼通过资深美国记者、著名的亲英派人士乔治·斯莫利（George W. Smalley）与英国首相索尔兹伯里接触。[1] 在这一"非正式外交"阶段，奥尔尼非常明智地拒绝了英国政府的前两项建议，从而把谈判的焦点集中到边界争端的仲裁问题上。他坚持要求将所有的争议地区都列入仲裁，而索尔兹伯里则坚决要求让所有英国人定居的地区免于仲裁，在给张伯伦的信中他还强调："我们是争夺人而不是争夺土地！［我们的争夺］是为了那些定居者的权利，是我们鼓励他们在那里投入大量资产并将自己的未来系之于此，而不仅仅是为了领土扩张。这样的一个立场对国内的人民和对殖民地的英国人都有吸引力。这样的立场在任何情况下都有坚实的理由，我不相信美国会反对。"[2] 于是双方就出现了僵局。在"非正式外交"缺乏进展的情况下，索尔兹伯里开始让英国驻美大使庞斯富特与奥尔尼直接接触，从而开始了正式的外交谈判阶段。

　　正式谈判同样没能打破僵局。美国国务卿奥尔尼此时

---

1　Joseph J. Mathews, "Informal Diplomacy in the Venezuelan Crisis of 1896," *The Mississippi Valley Historical Review*, vol.50, no.2, (Sep. 1963), p.198, 200.

2　Ibid., p.202.

已经风格一变，完全成为一个职业外交家而不是纯粹的政客，在漫长的谈判中表现出了足够的耐心和灵活，而且从未以中止谈判相威胁。但是，他毕竟希望此事尽快了结。4月时，他写信质问庞斯富特大使："英国外交部是否已经不再关注委内瑞拉边界问题的谈判了？"[1]而索尔兹伯里则一点也不着急，还宣称"在外交家所有的关键品质中，耐心是最具有永恒价值的"。[2]实际上，这种"快"与"慢"之争绝非仅仅因为奥尔尼和索尔兹伯里两人风格的差别，更重要的是两国所处情势不同。对美国来说，英国已经在自己的压力面前退缩，门罗主义得到了强化，但不利因素也在显现：（1）国内情绪已经发生变化，要求与英国和解的呼声高涨；（2）1896年下半年将举行总统大选，克利夫兰不可能连任，留给这届政府处理危机的时间不多；（3）古巴于1895年爆发革命且局势日益严重，正在牵扯美国越来越多的精力。而对英国来说，同意将争端提交仲裁本身就意味着准备接受美国对西半球的主宰地位，是对门罗主义的一次间接承认。索尔兹伯里对这一点非常清楚。他在议会中就公开谈到，美国的利益不需要用门罗主义来强调，因为看一下委内瑞拉在加勒比海的位置就知道，它对美国

---

1　Joseph J. Mathews, "Informal Diplomacy in the Venezuelan Crisis of 1896," p.209.

2　Alexander E. Campbell, *Great Britain and the United States, 1895–1903*, London: Greenwood Press, 1974, p.17.

的重要性不亚于荷兰、比利时对英国的重要性。[1] 所以，英国既然让出了"大势"，自然要在具体的局部利益上尽量争取，而时间拖得越长，美国政府在具体问题上让步的可能性就越大。

到 1896 年 7 月中旬，美国政府果然松口。奥尔尼表示同意将英国人的定居地排除在仲裁之外，但指出定居地的标准必须是定居六十年以上，远远高于英国方面提出的五年。不过，这一进展对英国来说毕竟是一种鼓舞。到 9 月，殖民地事务大臣张伯伦亲赴美国进行谈判，最后奥尔尼同意将定居地标准降到五十年。11 月，两国达成协议，规定将成立仲裁法庭来确定边界问题，而法庭成员则由美国最高法院、英国最高法院各出两名，第五人将由这四名成员共同选择，或者由瑞典（或挪威）国王选择。同时，协议还规定，五十年以上的英国人定居地免于仲裁，五十年以下的定居地则在仲裁时酌情考虑。值得注意的是，危机的另一个主角，或者说当事国——委内瑞拉根本都没有提及。实际上，整个危机的发展过程对英美两国来说可能有点轻喜剧色彩的话，那么对于委内瑞拉这个小国来说则完全是一场悲剧了。委内瑞拉为将美国拉入争端费了不少心力，但到后期完全被美国抛开，甚至克利夫兰咨文，委内瑞拉政府都是第二天从报纸上才得知的。更有意思的是，1896

---

1    Charles S. Campbell, *The Transformation of American Foreign Relations*, p.214.

年 1 月，英国还曾建议吸收一名委内瑞拉代表进入仲裁机制，结果被奥尔尼否定。在英美的正式谈判过程中，奥尔尼也根本不让委内瑞拉参加，还明确指示与委内瑞拉"用不着每一步都商量"[1]。

得知协定内容以后，委内瑞拉全国上下自然极为激愤，还爆发了大规模骚乱。面对这种情况，英美两国作了一点小小的让步，即由委内瑞拉政府选择一名仲裁法庭成员（但不允许是委内瑞拉人），美国选择的成员则相应减少一名。最终，委内瑞拉政府选择的是美国首席大法官梅尔维尔·富勒(Melville W. Fuller)，[2]而在该法庭后来举行的所有会议中，委内瑞拉方面又全部由美国人代表，其中包括前任海军部长特雷西和前总统哈里森。这样一个法庭的裁决可想而知：委内瑞拉除了保留奥里诺科河河口地区外，基本上将争议区全部划给了英属圭亚那。

## 英美仲裁条约

与边界问题谈判相并行的，还有英美仲裁条约的谈判。所谓英美仲裁条约，就是通过一项综合性的条约，规定英美两国必须以仲裁方式解决彼此间所有的争端和纠纷，从而保证两个盎格鲁－撒克逊大国之间不发生战争。它本身

---

1 Walter LaFeber, "The Background of Cleveland's Venezuelan Policy: A Reinterpretation," p.964.
2 四名成员又联合选择了一名来自俄国的国际法专家、教授担任仲裁法庭庭长。

并不是一个新建议，英美两国国内都有一些和平团体在鼓吹此事。随着委内瑞拉危机的发展，特别是 1896 年 1 月底两国国内情绪发生转折后，以仲裁条约"永远消除英美战争可能性"的想法突然变得有吸引力起来。

在政府层面，英国殖民地事务大臣张伯伦首先提出了这一建议。他认为，既然美国希望将委内瑞拉边界问题提交仲裁，那么英美干脆签订一个涉及面非常广泛的仲裁条约，将仲裁这种解决分歧的模式运用到两国关系的所有领域。而首相兼外交大臣索尔兹伯里本来并不喜欢仲裁，更不喜欢这种颇有理想主义色彩的"一揽子解决"，但他非常清楚，对英国来说，英美仲裁条约实际上就是英美中立条约，换言之，美国将不可能在战争中加入另一个大国来反对英国。这样的话，英国可以集中精力应付德国或其他欧洲大国的挑战。所以，他也表示同意。结果受到鼓舞的张伯伦走得更远，一下子又开始鼓吹英美联合。1896 年 1 月底，张伯伦在伯明翰的一次著名演讲中公开表示，要"满怀喜悦地期待星条旗和米字旗一起飘扬，以捍卫人道和正义的共同事业"[1]。他甚至都已经想好了这种英美联合的具体用处，即针对近东的亚美尼亚问题："如果美国人与我们站在一起，那我们就不用怕来自法国或俄国的干预——他

---

1　Charles S. Campbell, *The Transformation of American Foreign Relations*, pp.212–213.

们不敢向两个联合起来的盎格鲁－撒克逊国家挑衅。"[1]

　　美国对介入遥远的亚美尼亚问题当然没有兴趣。美国国务卿奥尔尼回避了张伯伦关于英美联合的建议，但这并不意味着他对英美联合没有想法。1896 年 9 月，他在给张伯伦的信中明确表示，既然英国已经承认美国在西半球的权利，美国人希望"与英国肩并肩地站在一起"。[2] 只是作为一位美国政治家，奥尔尼清楚地知道这一步迈得过大，不具备可行性，因此他转而将大量精力倾注到仲裁条约一事上。他亲自对草案的大量细节进行反复修改，同时又积极组织对国会进行游说。在美国国内，支持签订仲裁条约的呼声很高。其中美国法律界对签订仲裁条约尤其热情高涨，像纽约律师协会就呼吁"所有英语国家的律师协会都联合起来"，以形成一份旨在实现永久仲裁法庭的法律计划。[3] 最高法院首席大法官富勒还亲自在华盛顿召集全国性的声援大会，各城市的知名律师都前往表示支持。商界对此事也非常感兴趣，纽约、费城和芝加哥等主要城市的商会各自成立了推动仲裁条约的特别委员会，另有三十多个工商业组织向国会呼吁签订英美仲裁条约。在学界，很

---

1　Ernest R. May, *Imperial Democracy*, p.53. 这一主张很好地体现了英国人"打不过就入伙"（Beat them or join them）的思路。

2　Walter LaFeber, *The New Empire*, p.317.

3　Jennie A. Sloan, "Anglo-American Relations and the Venezuelan Boundary Dispute," p.496.

多著名知识分子也发表文章表示支持，像哈佛大学、哥伦比亚大学、宾夕法尼亚大学、西北大学、密歇根大学和加利福尼亚大学等大学的校长公开呼吁支持签订英美仲裁条约。而在有些地方，支持仲裁的行动甚至进入了政治程序。比如纽约州议会就有一位众议员提交议案支持英美仲裁，结果州议会的参众两院均出乎意料地通过，更具象征意义的是，传统上以反英著称的爱尔兰裔议员多数都投了弃权票而非反对票。[1] 这显示出美国政界在该问题上的倾向性也在发生某种变化。

1897 年 1 月，英美之间的仲裁条约终于签订。两国国内对此都是一片欢呼，称其具有划时代的意义，即将离任的美国总统克利夫兰和即将就任的麦金莱也都表示支持这一条约。但在美国方面，这种热闹的表象掩盖了一些重要问题：第一，英美之间长期的敌视和不信任在危机期间已经发生了戏剧性的转折，但不敌视是一回事，马上结成一种在很多人看来是"准联盟"的关系是另一回事。应该说，美国根深蒂固的孤立主义传统使多数美国人更愿意享受一种不受条约约束的"行动自由"；第二，仲裁条约可能使美国日后在拉美地区运用门罗主义时也要接受仲裁，这与一些美国政客主张门罗主义是"绝对"原则的立场相抵触；第三，条约生效后，一些外交事务将自动进入仲裁程序，

---

1　Ernest R. May, *Imperial Democracy*, pp.62–63.

这样国会在外交事务上的权力就有所减少。而在 1890 年代，外交领域的权力正迅速地从立法部门向行政部门转移，国会对此已经比较敏感。所以，条约在国会的批准程序进行得非常不顺。第一次参议院投票只获得 20 票，随后条约文本被迫进行重大修改，但在 1897 年 5 月 5 日的最终投票中，69 名参议员中还有 26 名投了反对票，使赞成票未能达到三分之二的多数。英美仲裁条约这一宏大的设计最终流产。

尽管如此，委内瑞拉危机的影响还是非常深远的。从本质上看，危机属于美英"崛起－霸权"矛盾的总爆发，或者说是两个大国之间的一次外交摊牌。由于各种必然因素和偶然因素，危机戏剧性地出现转折并最终和平结束。这种转折的内涵远远超出了危机本身，实际上是英美关系发展的总转折，是英美长达一个多世纪的敌对关系的结束，是两国走向两次世界大战中的同盟和今天英美"特殊关系"的第一步。通过这场危机，英国彻底默认了美国对西半球的主宰，从而扫除了英美关系中最主要的障碍，而美国也从中意识到英美和解的必要性。英美两国国内对仲裁条约爆发出的热情虽然没能产生具体的结果，但无疑进一步加强了两国共同的文化纽带，为英美两国关系的拉近铺平了道路。

对美国来说，这场危机的意义更大一些。委内瑞拉危机是美国最后一次需要冒着战争风险来宣示门罗主义，也是最后一次与欧洲大国在美洲大张旗鼓地正面对抗。此后，美国在西半球的霸权地位完全确立。更重要的是，英国这一潜在的敌对方迅速转变成一个潜在的合作者，美国崛起过程中最大的外部威胁就此消除了。可以说，从委内瑞拉危机以后，美国的崛起已经无可阻挡，一个新型帝国的建立只是时间问题和方式问题。

第四章

## 建立帝国的战争

在一个国家的对外关系中，战争作为一种最直接的实力对决、最暴烈的意志宣示，往往被赋予非比寻常的意义，甚至成为区分不同历史阶段的重要坐标。1898年美国与西班牙的战争尽管只是"一场绝妙的小战争"（国务卿海约翰语），很多人还是将其视为美国成功崛起的标志和帝国扩张的关键一步。美西战争的意义并不仅仅在于从西班牙手中夺取了部分海外领土，更重要的是，战争改变了美国国内政治生态，使其能够顺利完成对夏威夷等海外地区的兼并，形成一个"太平洋帝国"。

# 古巴问题与美国

## 古巴问题与 1895 年起义

    1898 年的美西战争主要是由古巴问题引起的，其渊源却可以追溯到半个多世纪之前。古巴是加勒比海中离美国大陆最近、最大的岛屿，也是美国一直试图攫取的目标。早在美国建国初期，杰斐逊、约翰·昆西·亚当斯等开国元勋们就将其视为美国"天定命运"的一部分，而且这个"苹果"迟早会按"政治上的地心引力规律"那样"落向北美联邦"。[1]1850 年代还有三名美国特使前往西班牙要求购买古巴，后因美国国内南北矛盾加剧而作罢。在古巴，当地人民的主要精力集中在摆脱西班牙殖民统治上，并为此不断进行抗争。从 1868 年到 1878 年，古巴的民族主义者进行了长达十年的起义斗争，最终精疲力竭的起义军放下武器，而西班牙殖民当局则许诺在古巴进行一系列制度改革，给予古巴人更多的自治权力。当然，这些许诺后来基本都没有兑现。

    1890 年，古巴的局势再一次被搅动起来，不过这次并非因为古巴人和西班牙当局的斗争，而是因为美国通过了著名的《麦金莱关税法》。根据该法中的互惠条款，古巴向美国出口的原糖免税，这极大地刺激了古巴向美国的

---

1    Walter LaFeber, *The New Empire*, pp.4–5.

原糖出口。美国基本上成为古巴唯一的出口市场，对美出口占古巴出口总额的 90%，对美进口则占古巴进口总额的 40%。[1] 与此同时，从甘蔗园到糖厂等与原糖生产相关的一系列产业，吸收了大量投资（特别是美国的投资），得到了进一步扩张，成为古巴经济中最重要的支柱。就在古巴经济对美国的这种畸形依赖不断发展时，1894 年美国新的《威尔逊-戈尔曼关税法》却突然废除了关税互惠条款，并对原料糖征收 40% 的进口关税，比 1890 年《麦金莱关税法》之前的税率还高出约三分之一。[2] 这样的贸易条件，使古巴的原糖出口在一年之内猛降 30%。[3] 这种大起大落使古巴脆弱的经济支柱一下子断裂了，失业率急剧上升，社会矛盾激化，终于在 1895 年再度爆发了反对西班牙殖民统治的起义。这场起义一开始由古巴的民族英雄何塞·马蒂(José Martí) 领导。他长期在美国担任新闻记者，视野广阔，对古巴的社会和政治问题有较深的认识，而且能够团结各派起义力量。当他于 1895 年 5 月遭西班牙军队伏击身亡后，他更是成为一种精神象征，激励古巴人进行更坚决的斗争。

　　起义最初在贫穷的东部山区爆发，然后逐步向西部富裕地区发展。起义军的总人数不超过二万五千人，装备很

---

1　Robert Beisner, *From the Old Diplomacy to the New, 1865–1900*, Arlington Heights, Ill.: Harlan Davidson, 1986, pp.115–116.

2　F. W. Taussig, *The Tariff History of the United States* ( 5th edition), pp.190–191.

3　Charles S. Campbell, *The Transformation of American Foreign Relations*, p.247.

差，面对人数和武器均占优势的西班牙军队只能采取化整为零的游击战术，其攻击对象与其说是殖民军队，不如说是古巴的经济基础。起义军往往避免与西班牙军队交战，而是大量地烧毁甘蔗种植园，破坏铁路和电话线等。西班牙政府一开始打算以优势兵力迅速取胜，为此向古巴增派了二十万人的部队，还从当地招募了上千人。[1] 但他们很快发现，在古巴根本没有正规战可打，面对起义军频繁的袭扰，西班牙军队只能疲于奔命。1896 年初，西班牙政府任命外号"屠夫"的巴莱里亚诺·魏勒尔（Valeriano Weyler）将军担任古巴总督。他于当年秋天采取了臭名昭著的"再集中"政策，即强迫自然村落的人口集中到西班牙军队驻守的城镇加以统一管理，将原有的村庄推平，宰杀所有牲畜，取走粮食，以断绝起义军的供应。这一做法与冷战时期英军在马来亚、美军在越南的做法颇为类似，但西班牙人的资源更少，组织能力更差。所以，一方面因为殖民当局残暴对待古巴人，另一方面也因为西班牙人根本没有能力应对大量人口非正常集中后产生的一系列问题，粮食供应和卫生条件均无法跟上，结果造成大量的古巴人因饥饿和疾病而死。古巴起义斗争进入了非常残酷和艰苦的阶段。

---

1  John L. Offner, "McKinley and the Spanish–American War," *Presidential Studies Quarterly*, vol.34, no.1 (Mar. 2004), p.51.

## 美国的反应

　　美国是古巴起义的主要推手，但这不意味着形势完全在美国掌控之下。事实上，起义爆发以后，克利夫兰政府面临一个比较尴尬的局面。一方面，美国在古巴约有5000万美元的巨量投资，主要集中在甘蔗种植园经营方面。[1] 这就要求美国政府最好有所干预，以防止这些利益遭受大的损失。另一方面，此时委内瑞拉危机逐步进入高潮，美国正全力与英国交锋，这又使得稳定与西班牙的关系变得非常重要。作为一种权宜之计，美国政府于1895年6月发表了中立声明。[2] 但古巴形势发展得很快，起义军的力量进一步壮大，还于当年秋天成立了临时政府。美国政界开始意识到，西班牙已经不太可能赢得这场战争。更重要的是，经过1895年底和1896年初的戏剧性变化，委内瑞拉危机的顶点已经过去，美英开始了平稳的谈判，美国此时有余力应对其他方面的问题。

　　与此同时，美国社会舆论也在发生较大变化。从1895年古巴起义爆发开始，一些旅美古巴人（不少已经加入了美国籍）在纽约等大城市成立了专门的委员会（Junta），

---

1　Samuel F. Bemis, *The Latin American Policy of the United States: A Historical Interpretation*, New York: Harcourt, Brace and World, 1943, p.37.

2　宣布中立还有一个细节考虑。当时美国在古巴的大投资者，如糖业巨头埃德温·阿特金斯（Edwin F. Atkins）等人，就催促政府不要承认起义者为交战方，因为只要美国保持中立，西班牙军队就有责任保护美国在古资产。

为古巴起义者募集资金并进行宣传，争取更多美国人的同情和支持。在这样一场宣传战中，西班牙先天不利。一方面，西班牙是个衰弱的竞争者，美国人对这样一个没落帝国还能占有如此多的美洲殖民地已经十分不满，潜意识中希望找到西班牙的一些"恶行"以便名正言顺地将其殖民地抢过来；另一方面，天主教徒在西班牙占绝对多数，而以新教为主体的美国社会当时对天主教有一种天然的敌意和轻视，因而更加倾向于将西班牙描述为落后、僵化的国家。[1]更何况，西班牙驻美外交机构的行动十分迟缓，根本没能对古巴委员会的宣传活动作出任何有效的反应。因此舆论很快就形成了一边倒的态势。到1896年"屠夫"魏勒尔将军成为古巴总督后，西班牙军队的暴行越来越多地传到美国，成为美国报纸增加发行量的绝好素材。像《纽约时报》、约瑟夫·普利策的《纽约世界报》等大报纸尽其所能地利用这些题材，不断调动美国社会舆论。与此同时，由于古巴委员会从美国走私军火和其他物资支援古巴起义者，他们与西班牙殖民当局的摩擦也在增加，有不少古巴裔美国公民被西班牙当局逮捕关押。这进一步刺激了美国国内情绪。在这种情况下，美国的政界当然不会放过这一利用民

---

1　美国在殖民地时期还规定，任何人有权处死进入殖民地传教的天主教神职人员。关于美国国内对西班牙的偏见，可参考 Richard L. Kagan, "Prescott's Paradigm: American Historical Scholarship and the Decline of Spain," *The American Historical Review*, vol.101, no.2 (Apr. 1996), pp.423–446。

意的机会。像扩张主义的领军人物、一直鼓吹兼并古巴的参议员洛奇此时就收起了"兼并""美国利益"等现实主义的词汇，转而大力宣扬"美国对古巴的责任"这类道德主义词汇。[1] 国务卿奥尔尼在一封给朋友的信中就写道，很多政客"正在升起船帆……以便搭上舆论的顺风"。[2]

于是，美国开始调整对古巴的政策，而国会又冲在了政府前面。1896 年春，美国国会高票通过决议，要求政府承认古巴起义者的交战权，实际上就是要求合法地向起义者提供各类支援。但总统克利夫兰考虑的，不仅仅是干预本身，还有干预的最终后果。他坚持认为，美国不需要兼并古巴。既然如此，美国进行干预最终只能让古巴实现完全的独立，这在克利夫兰看来未免显得可笑。美国政府犹豫再三后，拒绝了国会的要求，但仍于 4 月 4 日向西班牙政府提出了调停建议，称希望西班牙在古巴进行部分改革，以便与起义者达成和解与和平。这虽然是一个相对折中的做法，但从外交政策的角度看，这标志着美国在古巴问题上的立场已经发生了调整，开始从最初的"不介入"一步步向干预方向发展。

西班牙对美国可能的干预一直非常担心，也非常警觉。收到 4 月 4 日美国的调停建议后，西班牙政府拖了两个月，

---

1　William C. Widenor, *Henry Cabot Lodge and the Search for an American Foreign Policy*, Berkeley and Los Angeles, CA.: University of California Press, 1980, p.108.

2　Walter LaFeber, *The New Empire*, p.290.

然后"客客气气"地回绝了。这就形成了战争爆发前两国互动的一个基本模式：美国施压要求改革，西班牙则不愿意或根本做不到所要求的改革，然后美国再表示不满，如此循环往复。不过，西班牙也在试图寻求帮助。当时欧洲各国，特别是欧洲大陆国家的舆论总体上还是同情西班牙，因此西班牙政府希望借助欧洲国家的力量，以拦阻一下美国可能的介入。1896 年 9 月 3 日，西班牙外交部试图邀请多个国家共同发表声明，表示他国无权干预或批评这场战争。结果美国马上作出反应，美驻西班牙公使威胁说，此举将被美国视为不友好的行动。[1] 西班牙只能退缩。不过此事对美国还是有所触动。长期以来，欧洲国家借机干涉美洲事务一直是美国最忌惮的事。此时美国虽然已经不害怕任何干涉，但对可能引起的麻烦还是非常警觉的。比如参议员洛奇在一封私人信件中提到美国必须干预并控制古巴的五大理由（无一涉及人道主义因素，而在公开发表的文章中，人道主义是头条理由），其中之一就是，如果冲突过于延长，可能招致欧洲列强的干涉。[2] 可以说，这一考虑促使美国政府进一步强化了早作干预的决心。1896 年 10 月，美国海军部长希拉里·赫伯特要求海军在年底之前做好应对准备。到 1896 年 12 月，任期将满的克利夫兰向国会发

---

1  Ernest R. May, *Imperial Democracy*, p.86.

2  Walter LaFeber, *The New Empire*, p.291.

表最后一次总统咨文时就用了很长篇幅谈古巴问题，部分言辞已经接近于"干预宣示"：

> 美国与古巴起义之间不可避免的瓜葛、大量受到影响的美国利益和对人道主义的考虑都强烈地要求美国采取某种积极的干预……当所有手段都失败了的时候，美国就必须介入以中止在古巴的冲突，即使以美国和西班牙的战争为代价也在所不惜……当西班牙已经明显不能成功化解起义的时候，当它对古巴的合法主权已经消失的时候，当为了重建这种主权的无望挣扎已经蜕变为一场生命的无谓牺牲和古巴的彻底毁灭时，我们对西班牙主权的责任就会被更高的职责所取代。在承认并履行这些职责时，我们不应有什么迟疑……[1]

这基本上就是下一届政府对古巴政策的宣言。

## 麦金莱政府

在 1896 年下半年的总统大选中，共和党候选人威廉·麦

---

1 William Appleman Williams(ed.), *The Shaping of American Diplomacy*, Chicago: Rand McNally & Company, 1956, p.335.

金莱以明显优势击败了民主党候选人威廉·詹宁斯·布赖恩。这场选举对美国国内政治格局的发展具有重要意义，是美国从近代两党政治转变为现代两党政治的转折点。但从对外政策的角度来说，选举结果却更多地体现出延续性。与民主党候选人布赖恩"错误的，甚至是具有革命性质"（马汉语）的主张相比，共和党候选人麦金莱与民主党总统克利夫兰之间的共同点要多得多，这也保证了美国 1890 年以来海外扩张的大方向得以在一个新的层次上继续发展。

## 新总统，新政府

历史学家往往把麦金莱称为"第一位现代美国总统"。这主要是从国内权力结构的角度来说的。美国内战以后，行政权力与古老的宪政体系之间的内在矛盾进一步突显出来，美国政治体制开始了一个重新调试阶段。[1] 在这一过程中，总统与国会之间的权力天平一直在向总统的方向倾斜，到麦金莱时期则完成了一个从量变到质变的过程。作为总统，麦金莱非常明确地体现出与大利益集团之间的政治联系。早在选举过程中，麦金莱就得到了大财团、大公司的鼎力支持，仅洛克菲勒和 J. P. 摩根两家就各自提供了 25 万美元，最后募集的竞选捐助总额达 1000 万美元，创下历史

---

1 Stephen Skocoronek, *Building a New American State: The Expansion of National Administration Capacities, 1877–1920*, Cambridge: Cambridge University Press, 1982, pp.45–46.

纪录。[1]更重要的是，民主党内部出现分裂，原先不少支持民主党的东北部金融集团也转而支持他，这种政治基本盘的变化使他进一步成为大工业企业和大财团的代表。可以说，美国民主制度建立以后，政治人物和利益集团之间的关系从来没有这么明确过。在总统与国会的关系中，由于共和党分别在参议院和众议院占有优势，麦金莱只需通过党内权力运作就可以基本实现对国会的影响，更何况他与民主党的上层也形成了某种联盟关系。因此，一位来自伊利诺伊州的参议员感叹说："我们从未有过一位总统能像麦金莱那样对国会有如此大的影响力。"[2]

麦金莱的这种地位不仅是美国政治格局演变的结果，而且也与他个人的能力与策略有很大关系。麦金莱于1843年生于俄亥俄州，是个内战英雄，1876年当选为共和党议员后长期在国会工作，在共和党内有着深厚的人脉关系。1891年后他又两度当选为俄亥俄州州长，从而进一步积累了政治资本。在麦金莱任总统时期，参议院的几个"大佬"清一色都是其以往的政治伙伴，这就使他完全能够运用个人的政治资源，同国会进行有效的沟通和协调。另外，他的权力手腕也非常高超，如果说"北风和太阳比赛使人脱衣"这一古老寓言可以形容权力的话，那么麦金莱的无疑

1　Arthur M. Schlesinger Jr., *History of the U.S. Political Parties*, vol.3, New York: Chelsea House Publishers, 1973, p.2077.

2　Walter LaFeber, *The New Empire*, p.333.

更像是太阳的方式。他不喜欢蛮干，而是喜欢慢慢促成一种态势，让别人主动替他实现政治目标，自己则表现出一副被动的、迫不得已的样子。当时一位非常了解他的朋友就形容麦金莱是一个"彬彬有礼的强人"，能使人们团结在他周围并掩盖他的成功。[1]

在内阁组成上，麦金莱的权力运作也非常明显。其中国务卿一职，他选择让美国内战名将威廉·谢尔曼的弟弟约翰·谢尔曼担任。约翰·谢尔曼是资深的共和党参议员，长年供职于参议院对外关系委员会，与洛克菲勒关系甚厚，但此时已经七十四岁，出任国务卿一职明显年纪偏大，有时记忆力和听力都会出现一些问题。国务院的很多事情自然落到了助理国务卿威廉·戴（William R. Day）的身上，而戴本人正是麦金莱长期提携的政治人物，对后者唯命是从。这样一来，麦金莱既可以放手利用谢尔曼的政治资源，又不需要担心其自行其是。更重要的是，谢尔曼的任职还在参议院腾出了一个议员的位子，正好由1896年大选总指挥、共和党大佬马克·汉纳填补，从而进一步加强了麦金莱对国会的影响。其他内阁成员的挑选基本上体现了同样的思路：有政治资源（或能力）但可以被控制。比如陆军部长拉塞尔·阿尔杰（Russell A. Alger）是中西部的木材业巨头，年纪同样偏大且身体不太好，海军部长约翰·朗

---

1   R. Hal Williams, *Years of Decision*, p.132.

则是麦金莱长期以来的政治伙伴，等等。麦金莱还注重内阁人员的流动性，在两年时间内将大多数内阁成员（除三个职务外）都更换了一遍。[1] 可以说，麦金莱在内阁人事任命方面将政治资源、行政能力和可控性非常好地结合了起来，形成了一个以他本人为绝对核心的，同时能力又很强的领导班子。用亨利·亚当斯的话来说，就是麦金莱任命了"非常善于操纵局面的人"，同时他本人"又非常善于操纵这些人"。[2]

　　这样，麦金莱政府的特点就可以总结为三个方面：第一，政府几乎完全围绕总统本人运转，总统掌握了每件重大事情的决策权，用国务卿谢尔曼的话来说，就是总统"承担所有内阁成员，尤其是国务卿的职能"[3]；第二，政府与大利益集团之间的关系非常明确，像约翰·洛克菲勒、乔治·普尔曼（George H. Pullman）、J. P. 摩根、弗兰克·汤普森（Frank Thompson）等工业巨头和金融巨头都与麦金莱有着密切的往来，并在相当程度上影响政府决策；第三，政府与国会的关系也发生了较大改变，原本用来制约行政权力的国会在很多重要事情上却更像是"落实"总统意图的助手，这

---

1　比较重要的人事变更包括：驻英大使海约翰接替谢尔曼出任国务卿，曾任摩根集团律师的伊莱休·鲁特（Elihu Root）接替阿尔杰任陆军部长。

2　Walter LaFeber, The New Empire, p.328.

3　Lewis L. Gould, *The Spanish-American War and President McKinley*, University Press of Kansas, 1982, p.16.

一点在涉及对外政策的参议院表现尤其明显。总体上看，政府、国会和大利益集团之间的关系越来越像是 CEO 和董事会之间的关系，权力运作也越来越像一个巨型公司，所谓的"公司美国"实际上就是从这一时期开始形成的。

## 海外贸易扩张与古巴问题

在这样一届政府的视野中，古巴问题一开始并不特别突出。相形之下，重新掌握政府的共和党更关心几笔"旧账"，比如兼并夏威夷（共和党内的扩张主义者对克利夫兰总统的阻拦一直耿耿于怀），开凿地峡运河，等等。但从政府的实际措施来看，麦金莱上台后最关心的还是海外贸易扩张。当时美国的经济危机还没有过去，组织风格上像"公司"的麦金莱政府在职能上也更加直接地为大资本服务，在推动美国商品和资本"走出去"方面不遗余力。政府权力中的关税、外交、海军等各种手段都被有效地调动起来，在东亚、拉美等地区形成了一种配合商业扩张的总体政策，使美国工农业的强大产能充分发挥出来，赢得了一次又一次的商业胜利。美国也因此被历史学家埃米莉·罗森伯格称为"推销型国家"（Promotional State）。[1]

在这方面，麦金莱不仅有能力，也有运气。实际上，

---

1　See Emily Rosenberg, *Spreading the American Dream: American Economic and Cultural Expansion, 1890–1945*, New York: Hill & Wang/Farrar, 1982, p.49.

在克利夫兰政府任期的最后半年，美国经济已经开始有起色。当时的贸易顺差比前一年同期增加了一倍以上，而且欧洲国家也减弱了抛售美国国债的力度，美国的黄金终于出现回流，严重衰退的趋势基本得到了遏制。但成绩根本还来不及算到克利夫兰政府头上，克利夫兰就于 1897 年 3 月作为最不受欢迎的总统黯然离任。新上任的麦金莱政府则充分把握了经济的复苏势头，进一步扩大战果。1897 年，美国出口突破 10 亿美元大关，达到历史最高值，贸易顺差则达到 2.86 亿美元，而且到下半年就业人数也开始上升。1898 年，美国的贸易顺差又增加了一倍。[1]1898 年 1 月，麦金莱总统在美国最有权势的工商业组织——全国制造商协会的大会上发表演讲，充分表现出这种形势转折和再接再厉的商业扩张劲头。在讲演中他提到，三年前协会成立时正值经济严重衰退，主要关心的是如何避免损失，而现在的目标却是"走出去并拥有那些以往从未拥有的"，他又进一步鼓动说："你们想要扩展的是生意，而不仅仅是钱财。对于你们先前的打算，我同意；对于你们当前的目标，我是完全支持！"[2]正是在这样的情况下，美国政府有余力来处理古巴问题了。

不过，旷日持久的古巴冲突还是让麦金莱感到为难。

1　Warren I. Cohen (ed.), *The Cambridge History of American Foreign Relations*, vol.2, p.128, p.134.

2　Walter LaFeber, *The New Empire*, p.371.

古巴的起义对美国来说本身就是一把双刃剑。一方面，起义大大削弱了西班牙的殖民统治，从而为美国的取而代之铺平了道路。这一点无疑为不少美国人，特别是扩张主义者和"金戈主义者"所乐见。另一方面，冲突中受损的毕竟以美国人的资产为主，而且美国与古巴的贸易也大受影响。到 1897 年时，双边贸易额从前一年的 4800 万美元下降到 2600 万美元，仅为 1893 年贸易额的 25%。其中，美国东部的糖加工业受到的打击尤为严重，像糖业巨头"美国糖业加工公司"被迫从其他地方进口原料糖，每吨价格比从古巴进口要高 3~4 美元。[1] 所以，在是否干涉古巴的问题上，麦金莱政府面临着两种不同的压力，其中主张兼并古巴的扩张主义者和在古巴拥有直接利益的商人和糖业巨头要求政府早日干涉，甚至主张采取战争手段，而东部地区的商业巨头和金融巨头们则担心干涉行动会引发战争，打扰其做生意。针对这种局面，麦金莱在形式上保持了折中，公开表示"我们不想进行任何征服战争；我们必须抵制扩张领土的诱惑"。[2] 但麦金莱比他的后台大资本家们更加清楚，什么样的解决方式最有利于美国利益，或者说美国资本的利益。在干预古巴的问题上，麦金莱早就下了决心。与麦金莱关系密切的参议员洛奇就向古巴代表保证：

---

1　Ernest R. May, *Imperial Democracy*, p.115.

2　Warren I. Cohen (ed.), *The Cambridge History of American Foreign Relations*, vol.2, p.139.

"在这届国会结束之前，麦金莱在该问题上会有一些影响深远的举动。"[1] 还有一个迹象则体现在人事安排上。一位重量级的政界人物曾警告麦金莱，美国驻古巴领事菲茨休·李（Fitzhugh Lee）过于积极主张干涉，对任何折中与温和的解决办法都是一个威胁，但麦金莱有意保留了菲茨休·李。

作为一名深思熟虑的政治家，麦金莱选择了一条比较"安全"的干预路线。一开始，美国政府向西班牙抗议的焦点是西班牙总督魏勒尔残暴的"再集中"政策，从而很容易地占据了一个道义高地。当国务卿约翰·谢尔曼向西班牙抗议魏勒尔的"再集中"政策时，西班牙外交官唐突地谈到美国内战时期名将威廉·谢尔曼在南方实际上就采取了类似的做法。这一回答加深了国务卿谢尔曼对西班牙人的恶感，因为内战时期的谢尔曼将军正是他哥哥。上台几个月后，麦金莱又任命与他关系密切的斯图尔特·伍德福德（Stewart L. Woodford）为新的美国驻西班牙公使，并要求其在上任途中与美国驻法、英、德等欧洲大国的使节进行交流，了解这些国家对古巴形势发展的反应和政策底牌。在这一过程中，主要欧洲大国都没有表示反对美国介入古巴，而英国和俄国的反应还更积极一些，称美国即使采取其他行动他们也不会反对。[2] 这无疑使美国政府心中更

---

1　Ernest R. May, *Imperial Democracy*, p.120.

2　John L. Offner, "McKinley and the Spanish-American War," p.54.

加有底。伍德福德还携带着以国务卿谢尔曼名义签发的一份指令，要求其向西班牙政府传达。7月16日签发的这份外交指令口气比较强硬，首先反复强调古巴革命损害了美国的利益，而西班牙明显没有能力来"恢复和平"，因此"在古巴问题没有取得任何进展的情况下，西班牙无疑不会指望我国政府袖手旁观，听任自己大量利益受损，听任政治环境受冲击，听任国家被这场战争纠缠"。指令在结尾处又要求伍德福德明确提出美国要求干预的意图（"你不要掩盖局势的严重程度，也不用讳言总统的决心"），同时还要强调美国政府的"自制"和"忍耐"不是无限制的，如果美国总统目前的努力无效，那么将进一步采取"紧急形势所要求的行动"。[1]

　　结果，伍德福德等了近两个月才有机会落实这一指令。就在他到达马德里之前，西班牙首相被一个无政府主义者暗杀，保守派内阁垮台，过渡政府成立。当西班牙国内的乱局稳定后，伍德福德于9月18日会见过渡政府的外交大臣并传达了7月16日指令的内容，同时他根据麦金莱的指示又加上了一个期限，即西班牙政府必须在当年11月1日前作出让美国满意的、实现和平的保证。这就相当于一个最后通牒，而西班牙政府剩下的时间又非常有限。不过，好在西班牙新上台的自由派政府在这方面比原先的保守派

---

[1]　William Appleman Williams(ed.), *The Shaping of American Diplomacy*, pp.360–362.

政府更愿意作出让步。到 10 月份，西班牙政府就开始推行一系列改革措施，其中包括撤换残暴的总督魏勒尔。到 10 月 26 日，西班牙政府将改革方案递交美国，表示允许古巴实现自治。11 月 25 日，西班牙女王还签署了改革法令。

应该说，在如此短的时间内完成这些工作非常不容易，西班牙政府已经竭其所能，但要做到让美国"满意"则是不可能的。从古巴的角度来看，起义者已经艰苦战斗了三年，不可能因为西班牙政府的一纸"自治"法令就放下武器，更何况美国的军火和给养还在不断地通过走私渠道运抵起义者手中，使后者坚信能赢得完全的独立。从美国的角度来看，古巴冲突是将西班牙赶出去的机会，美国无论如何都不会错过，进行干涉基本已是既定政策。另外，美国干涉古巴与干涉委内瑞拉边界问题一样，都是为了美国利益，与古巴人或委内瑞拉人没有任何关系。古巴人的悲惨遭遇只是在动员美国国内社会时比较有用。所以，当西班牙政府提出让古巴"自治"的改革方案时，美国的回答就是必须马上看到实际成效，否则美国还会采取进一步行动。此时，美国的意图和整个事态发展的方向已经完全明了。

## 走向战争

美西战争以后，很多欧洲政治家往往称西班牙为"可怜的西班牙"。从国际政治的角度来看，这一称呼不无道理。

## 美国进一步施压

麦金莱政府在古巴问题上的抗议主要集中在两个方面，一是古巴人民遭到残酷对待，二是美国利益受损，因此美国的要求也总是"尽快平息冲突"。整个逻辑非常简单、完整，在实际行动上，美国确也采取了一些人道主义行动，比如迫使西班牙政府同意让美国的红十字会在古巴发放食品和衣物，国会拨款五万美元用于援助古巴，等等。麦金莱总统个人还为此捐助了五千美元。不过，这些现象并不能混淆美国的深层次意图，也不会干扰事情发展的最终方向。这一点老谋深算的英国人看得非常清楚。早在西班牙政府向美国提交改革方案之前，英国驻西班牙大使在给首相索尔兹伯里的报告中就指出，美国对"地球上最富饶的一片土地"是"志在必得"，而且"事情发展的速度比我预料的更快……'保守疗法'的时间已经过去了"，[1] 而西班牙政府对此却好像视而不见，或是如溺水之人一样哪怕连一条蛇都想抓住。到 1898 年 1 月，西班牙殖民大臣还在和美国公使好声好气地商量：既然西班牙政府"已经做了所有你们要求做和建议做的事"，那么美国方面能否也"催促总统做些事情以便让古巴起义者明白他们最好放弃斗争，接受自治？我感觉我们既然做了这些，就有权提出这样的要求"。他还提到克利夫兰政府曾经答应过，一旦西班牙给予

---

1  Walter LaFeber, *The New Empire*, p.339.

古巴自治，那么美国将劝说古巴起义者接受。对此，美国公使伍德福德拿出了非常堂皇，也非常意识形态化的理由："我们美国人的观点是政府的权威来自被统治者的赞同"，所以美国不可能在"一国人民要求建立共和国时，还进行干预以迫使人民臣服于君主统治"。[1]

事实上，美国的底牌就是迫使西班牙彻底放弃古巴，而且已经有了一个大概的"时间表"。麦金莱总统在 1897 年底的咨文中就指出，如果"在不久的将来"，古巴仍然不具备"正义的和平所不可或缺的条件"，那么美国"仍可能采取进一步行动"，其中就包括"站在某一边的干涉行动"。这里麦金莱所说的"不久的将来"，绝对不是一个含糊的时间概念。因为古巴战争中主要的作战时间是冬天，而从 4 月到 10 月是雨季，作战行动很难开展。所以当麦金莱在 1897 年 12 月说这番话时，他留给西班牙的时间实际只有短短几个月。[2] 美国政府非常清楚，在这段时间内西班牙殖民军队连自身的伤亡都无法得到补充，更不用说取胜了。所以，留给西班牙的只有两个选择：要么彻底放弃（投降），要么听任美国干涉。

需要指出的是，这一政策完全是麦金莱政府的决定，而不是被"民意"推动的。在美国民众和大多数国会议员

---

1  Walter LaFeber, *The New Empire*, p.345.

2  Ernest R. May, *Imperial Democracy*, pp.126–127.

看来，西班牙给予古巴自治和魏勒尔被解职是美国外交的一场胜利，这在一定程度上缓解了公众情绪。1897年底，国会只收到寥寥几份要求干涉古巴的备忘录和请愿书，而且多数议员私下反对国会采取行动，连主张起干预来最积极的参议员约翰·摩根（John Tyler Morgan）和亨利·卡伯特·洛奇也认为，美国应将干预古巴的事情暂时放一放，先集中力量争取兼并夏威夷。[1] 在这期间，美国政府却采取了一系列加大压力的行动，促使整个形势向干涉的方向发展。更重要的是，政府已经在认真考虑武力干涉的问题，海军部下令暂停军人复员，这基本上是进入临战准备的代名词。而美国海军的主力——北大西洋分舰队也被调往佛罗里达州最南部的基韦斯特军港，直接面对古巴。

退一步说，即使美国政府内部确有一点在古巴"实现和平"的愿望，西班牙改革方案的结局也足以将其打消：古巴起义者拒绝接受，古巴的地产主和商人也表示拒绝，最后，连在古巴的西班牙殖民军队都拒绝接受，使改革方案完全成为一纸空文。而且，西班牙殖民军队对自由派政府非常不信任，认定其会"出卖"古巴，所以1898年1月12日还在哈瓦那发动了一场小规模骚乱，砸了三家曾批评过前任总督魏勒尔的报馆。平心而论，这场骚乱时间很短，

---

1  Ernest R. May, *Imperial Democracy*, p.134.

影响也不大，却是最后导向战争的一连串事件中的重要一环。美国政府似乎非常看重这一事件，其对西班牙自由派政府的信心也受到了"沉重打击"。骚乱平息后，美国正式通知西班牙，一旦再发生类似骚乱，美国将派遣部队进入古巴。在国会内部，一些议员也重新活跃起来，要求对西班牙采取行动。像众议院外交事务委员会主席罗伯特·希特（Robert Hitt）就于1月18日提出，由于西班牙的改革方案不可能实现，美国将不得不干预古巴以保护美国公民和利益，而且"我们所有人都必须准备好，要像美国早年的爱国者那样履行自己的职责。当他（指麦金莱）采取必要行动来保卫国家荣誉和利益时坚定地站在他身后"。[1] 由于希特本人普遍被认为是麦金莱总统在众议院的代言人，所以他的话可以看成是美国政府的立场。更何况，政府的行动事实上根本没有停顿，就在希特发言的前一天，海军部长约翰·朗下令秘密调动南大西洋分舰队，进一步完成对西班牙作战的部署。

## "缅因"号事件

在通向美西战争的一系列事件中，美海军"缅因"号的爆炸无疑最引人注目。

这一事件与1898年1月12日哈瓦那的骚乱有直接的

---

1　Ernest R. May, *Imperial Democracy*, p.136.

因果关系。在骚乱期间，美国驻古巴领事菲茨休·李认为事态紧急，于是向国内发电报建议海军做好准备，以便及时为在古巴的美国人提供保护。结果海军部的反应过于积极了一些，不仅仅是"做好准备"，而且直接派遣"缅因"号海岸主力舰[1]前往哈瓦那进行"友好访问"。得知这一命令后，菲茨休·李认为时机不妥，建议暂缓派舰，而海军部则告之命令已经下达，不好更改。西班牙方面也曾提出推迟访问的建议，但因美方坚持而作罢。实际上，西班牙政府对"缅因"号访问哈瓦那港的真实目的心知肚明，同时也明白该舰的"友好访问"只会进一步鼓舞古巴起义者的斗志，使形势更加复杂。也许是出于某种预感，西班牙外交大臣在信函中忧心忡忡地写道，此刻前往古巴的"缅因"号军舰"可能会由于一些不幸事件而引发一场冲突"。[2]但是，为了冲淡和掩饰这种紧张，更为了"改善"与美国的关系，西班牙还是强装笑颜表示欢迎，并决定也向美国的港口派出几艘军舰以"展示友谊"。

就像某种宿命的安排，"缅因"号于 1 月 25 日到达哈瓦那港。而在 2 月 9 日，美西关系又受到了一次意想不到的冲击。西班牙驻美公使的一封私信被偷出并登报，其中说了麦金莱总统不少坏话，而且建议西班牙政府在

---

1　所谓的"海岸主力舰"（coastal battleship）实际上并没达到主力舰标准，性能并不能完成远洋决战这一核心任务，参见本书第二章。

2　Charles S. Campbell, *The Transformation of American Foreign Relations*, p.251.

古巴自治问题上采取拖延战术。此信在美国社会引起轩然大波，虽然西班牙政府马上撤换了该公使，但影响已经造成，美国政府也更有理由对西班牙表示"不信任"了。就在这种山雨欲来的氛围中，停泊在哈瓦那港的"缅因"号军舰于2月15日晚突然爆炸沉没，舰上354名军官和水手仅88人生还。面对这一悲剧性事件，美国国内的激动情绪一下子达到顶点。各家报纸，特别是那些专注于刺激性新闻的"黄色报纸"马上指责西班牙是谋杀美国"缅因"号水兵的"刽子手"，大量的漫画则将西班牙人描绘为沾满美国人鲜血的食人生番。西班牙虽然声明与此事无关，甚至还提出可能是古巴起义者为将美国拖入战争而策划的"阴谋"，但这种声音立即淹没在铺天盖地的谴责中，几乎没有美国人理会。很快，"牢记'缅因'号"成为一句有效的动员口号，在美国形成了一股全国性的求战浪潮。

到3月下旬，美国调查小组的报告出台，称"缅因"号是因外部水雷的爆炸而沉没，具体的肇事者还不能确定。但对大多数美国公众和好战派来说，悲剧的真相早已经不言自明，任何与西班牙开战相矛盾的结论都不可能被接受。一些政府要员，如海军部长约翰·朗虽然对此有所怀疑，但在当时的氛围下也只能用日记来表露其态度："关于'缅因'号爆炸的原因，各方面的观点相差甚大。就和其他所有事情一样，人们对这件事的判断是由他原来的偏见所决定的。"[1] 若干年后，他又模棱两可地承认道："西班牙政府……可能在此事上并无责任，尽管可能有一些西班牙人或是古巴起义者预见到了这一结果，他们也许应该负责。"[2] 事实上，"缅因"号爆炸的原因至今也没有完全定论。在1898年的调查以后，1911年美国又将"缅因"号打捞起来进行调查，结论还是认为爆炸来自外部，但调查委员会中至少有一个成员认为内部爆炸也会产生同样的后果。到1976年，由美国海军少将海曼·里科弗（Hyman G. Rickover）牵头的一个专家小组再度对"缅因"号事件进行调查，其结论是"缅因"号的爆炸不可能来自外部，其沉没是由于军舰内部发生爆炸，而爆炸最可能的原因是前舱锅炉的火焰喷出（在当时的技术条件下比较常见），引燃了附近6英寸（约15.2厘米）舰炮的弹药。[3]

不过在1898年3月，事件的真实原因并不重要。美国的一些好战派政要已经下了断语，而绝大多数民众也愿意相信，这对任何一个政府来说都已经足够了。一些历史书倾向于把"缅因"号事件作为美西战争的导火索，这也许有些夸大。"缅因"号确实煽动起了美国社会的复仇情绪和好战情绪，普通民众和国会议员都向政府施加了很大

1　Stephen Howarth, *To Shining Sea*, p.249.

2　Robert Love, *History of the U.S. Navy 1775–1941*, vol.1, p.389.

3　Hyman G. Rickover, *How the Battleship Maine was Destroyed*, Washington, D.C.,: Naval History Division, 1976.

的压力。但值得注意的是，麦金莱政府在这一过程中一直有效地控制着局势，政府没有迫于社会压力而采取任何仓促的行动，很多外交和军事步骤都在按原先的轨道稳步推进。[1]

"缅因"号事件对美西战争爆发真正的影响在于三个方面：第一，这一意外事件替美国政府完成了战前社会动员。除普通民众的情绪被调动起来外，一直反对战争的宗教界和商界在"缅因"号事件后，态度也发生了明显转变。一些工商业巨头和金融巨头原先担心战争会打断美国经济复苏，此时也开始抱有"长痛不如短痛"的心态。3月，麦金莱总统的一位政治密友就从纽约给他发电报称，纽约的"大公司"和"伦敦证券交易所"都认为"战争是久拖不决的古巴冲突的解决办法"。[2] 第二，事件之后的各方反应表明，对西班牙的战争将使美国政府在国际和国内政治中"双赢"。"缅因"号事件后，欧洲列强在美西关系问题上表现得更加谨慎，而共和党的政要又纷纷向麦金莱报告，称对西班牙开战已经成为共和党赢得下届选举的最有效途径，其中以参议员亨利·卡伯特·洛奇在其家乡波士顿的调查报告最具说服力。这就进一步增强了美国发动战争的

---

1　3月底短暂的几天除外，当时"缅因"号调查报告刚出台，坚持反战的众院发言人、绰号"沙皇"的托马斯·里德从原先立场后退，好战分子一下子在国会占了上风。不过很快麦金莱又恢复了控制。

2　Walter LaFeber, *The New Empire*, p.392.

动力。第三，事件也在一定程度上影响了西班牙政府的立场。在美国的压力面前，西班牙政府一直是委曲求全。但"缅因"号事件爆发后，面对美国国内汹涌的求战浪潮，西班牙对避免战争也没有信心了。女王玛丽亚·克里斯蒂娜就写道："美国人希望挑衅我们并和我们开战，我会不惜一切代价来防止这种结果……但是，任何事情都有一个限度，国家不能在我的领导下被美国羞辱。"[1]

## 战争爆发

所以，在"缅因"号调查报告出台之前，整个局势就开始以一种加速度向战争方向发展。

美国政府内部的一些主战派一直在推动开战，其主要领军人物、助理海军部长西奥多·罗斯福在这方面尤为积极，甚至甘愿为此冒险。1898年2月25日，他居然利用海军部长约翰·朗不在海军部的机会，以海军部名义向有关部门和各分舰队拍发了一系列电报和命令，要求做好临战准备。其中最关键的一封发给在日本长崎的美国亚洲分舰队司令乔治·杜威（George Dewey）："命令除'莫诺克西'号以外全部分舰队开赴香港，备足燃煤。一旦向西班牙宣战，你的任务就是防止西班牙分舰队离开亚洲海岸，并随后向菲律宾群岛发动攻击。"杜威接到这份电报后，在笔

---

记上写下了一行字："与西班牙的战争将马上开始。"[1] 当然，这里过于夸大罗斯福的作用似乎也不恰当。西奥多·罗斯福个性非常张扬，做事冲劲十足，是广大媒体心目中最理想的"美国英雄"。但美西战争之前，他在决策层中并不处于核心位置，所以他高调鼓吹的很多事情实际上正是麦金莱总统等人在暗中推动的。罗斯福后来在给前海军部长特雷西的一封私信中也承认，他并不知道政府已经作出了类似的决策。[2] 以 2 月 25 日的各封电报和命令为例，麦金莱和海军部长约翰·朗对这种行为当然非常吃惊，将其中多数命令追回并撤销，但那封给杜威的关键电报原封不动。这也说明，西奥多·罗斯福的自作主张实际上符合麦金莱的意思。

　　而且，美国对西班牙的战争准备早就开始了。一心要推动政府开战的西奥多·罗斯福也许并不清楚，在他发给杜威电报之前，美国驻马尼拉领事早就接受指令，开始给杜威提供西班牙军事基地的各种情报。对马尼拉西班牙基地的情报工作至少可以追溯到 1876 年，当时一名美国海军上尉化装成平民对西班牙基地进行了侦察。而对西班牙的战争计划已经由海军战争学院酝酿了整整四年，其中就涉

---

1　Charles S. Campbell, *The Transformation of American Foreign Relations*, p.279; Stephen Howarth, *To Shining Sea*, p.250.

2　Bradford Perkins, *The Great Rapprochement: England and the United States, 1895–1914*, New York: Atheneum, 1968, p.108.

及对菲律宾群岛、古巴和波多黎各等地的攻击行动。麦金莱总统本人在 1897 年底就已经总体同意了对西班牙的作战计划，但将对古巴的攻击放到作战行动的最后一步，在战争初期则仅限于实行海上封锁。这样就增加了作战计划的弹性，给外交行动留下了更多空间。[1]

到了 1898 年 3 月，美国的开战决心已经非常明确。3 月 6 日，麦金莱召见众议院拨款委员会主席乔·坎农（Joe Cannon），表示"我必须有钱来准备战争，我做了一切可能的事来防止战争，但它还是一定会到来的。而我们还没有对此做好准备。谁知道这场战争会导向何方呢？也许不只是一场和西班牙的战争"。坎农马上就在国会中提议拨出 5000 万美元的紧急军事拨款，获得两院全票通过。此举当然给西班牙留下了深刻印象。美国驻西班牙公使伍德福德自豪地报告说："（拨款）让西班牙人很震惊，（因为我们）直接从国库中拨出 5000 万美元而没有借一分钱的债，这展示了财富与实力。"[2] 可以说，这一步也是美国和西班牙走向战争最关键的一步，标志着临战准备的正式开始。

3 月 17 日，来自佛蒙特州的参议员雷德菲尔德·普罗克特（Redfield Proctor）在国会就古巴问题发表了一次著名演讲。他一贯以冷静著称，也是美国国内反战派的主要

---

1    Robert Love, *History of the U.S. Navy 1775–1941*, vol.1, pp.389–390.

2    Walter LaFeber, *The New Empire*, pp.349–350.

人物。但在访问了古巴以后，他的立场似乎发生了比较大的变化："我到古巴时，一直坚信情况是被夸大的……我不能相信全部一百六十万人口中居然会有二十万人死在这种西班牙要塞……我的调研完全避开那些煽情式的信息来源……但每次我得到的答案都是：这种情况没有被夸大。"按照前总统哈里森的说法，这一演讲是美国国会五十年来最有效果的。而参议员詹姆斯·伯利（James H. Berry）则评价说："这场讲演意味着战争；它会煽动起从缅因州到加利福尼亚州的所有美国人，没有什么力量可以阻止他们。"[1]这也许又有些夸大。普罗克特的演讲确实起到了再度推动大众和国会情绪的作用，但这并不是主要的。此时的公众情绪对政府的开战决心而言已经足够高涨，进一步推动产生的只是一些量变而非质变。普罗克特演讲的意义在于，作为反战派的主要人物，他的立场转变标志着美国政界反战势力的整体转向，从而扫清了政府作出战争决策的最后障碍。

再看一下军事准备的情况。就在普罗克特演讲的前几天，美国和西班牙双方已经开始大规模的军事调动。3月12日，主力舰"俄勒冈"号从美国西海岸起航，绕过合恩角长途跋涉前往加勒比海集结，航程约2.5万公里。差不多与此同时，西班牙也派出一支舰队驶向加勒比海。该舰

---

1　Charles S. Campbell, *The Transformation of American Foreign Relations*, pp.255–256.

队从表面上看不算弱，包括四艘装甲巡洋舰、三艘驱逐舰和三艘鱼雷舰。但是实际舰队状况很差，其中两艘鱼雷舰的锅炉不能生火，只能由其他舰艇拖拽而行。性能最好的一艘巡洋舰连 10 英寸（约 25.4 厘米）主炮的炮弹都没有准备，而其他三艘巡洋舰上的火炮系统又不同程度地存在机械问题。另外，所有军舰的装煤量都不足一半。而美国海军则在加勒比海和东海岸地区集中了"印第安纳"号、"马萨诸塞"号和"依阿华"号三艘主力舰，这三艘和正从西海岸赶来的"俄勒冈"号是美国 1890 年代海军扩建的核心成果，也是当时美国海军的全部精锐。此外，美国集结的海军舰艇还包括海岸主力舰"得克萨斯"号、装甲巡洋舰"布鲁克林"号与"纽约"号，防护巡洋舰（即在舰身一些部位专门加固的巡洋舰，吨位比一般巡洋舰大）十一艘、轻型巡洋舰和炮舰二十一艘。面对如此兵力对比，西班牙舰队的指挥官更是斗志全无："除了舰队全部被摧毁或者匆忙地、丢人地撤回以外……不能指望有任何其他结果。"[1]

在另一个重要作战区域——菲律宾，乔治·杜威指挥下的美国亚洲分舰队在 3 月底也基本完成集结，共拥有四艘巡洋舰、两艘炮舰和其他一些辅助舰只。而在菲律宾马尼拉湾的西班牙舰队名义上拥有七艘巡洋舰，但实际状况

---

1　双方海军准备情况，参见 Nathan Miller, *The U.S. Navy: History* (3rd edition), pp.156–158; Stephen Howarth, *To Shining Sea*, pp.250–252。

要差得多。其中唯一比较现代的巡洋舰因舰壳开裂而无法出海，另外五艘老式巡洋舰的吨位仅 1100 吨（美国巡洋舰均为 3000 吨以上，其中旗舰"奥林匹亚"号为 5870 吨），还有一艘木质巡洋舰。从火力来看，无论是 6 英寸（约 15.2 厘米）主炮的数量还是一次舰炮齐射的弹药量，西班牙在马尼拉的舰队都只有杜威舰队的三分之一。所以杜威对战斗前景很有信心，他在给海军部的报告中预计"一天之内摧毁西班牙舰队和马尼拉的防御"。[1]

随着军事准备的基本完成，美国的外交行动也在紧锣密鼓地展开。3 月 20 日、26 日和 27 日，助理国务卿威廉·戴（他此时已经完全总揽国务院）向美国驻西班牙公使伍德福德接连发了三封电报，对西班牙提出了类似最后通牒的要求，但内容却有点语焉不详。比如 20 日的电报要求西班牙在 4 月 15 日前必须实现和平并对"缅因"号事件"全面赔偿"，26 日又要求取消"再集中"政策，给予古巴完全自治并进行"合理的赦免"，27 日又提出三点要求：立即实现停火直到 10 月 1 日，其间西班牙和古巴起义者将在美国调停下谈判；立即取消"再集中"政策；如果 10 月 1 日双方谈判没有结果，美国总统将成为最后的仲裁人。但从行文来看，这些要求又像是建议，比如有"看看以下内容可否实现""如果可能，那么……"等模棱两可的话。所以，

---

1　Nathan Miller, *The U.S. Navy: History* (3rd edition), p.158.

连公使伍德福德本人都没法理解这些电报的确切意图，为此还向国务院拍电报追问。[1] 从外交的角度来看，这种情况只能反应两种可能性：要么威廉·戴是一个完全不合格的外交主管，要么美国就是想尽快开战。

对于这些要求，绝望的西班牙政府答应了大多数，但认为立即停火和由美国总统进行最后仲裁有困难。到4月9日，西班牙又在罗马教皇和欧洲列强的劝说下作出进一步让步，但此时这些都不重要了。就在西班牙同意让步的前五天，美国驻西公使伍德福德和驻古巴领事菲茨休·李已经分别接到准备撤离的通知，而从这一时刻开始，美国外交实际上成为一种技巧性动作，以便为在古巴的美国人争取撤离时间。4月19日，美国国会通过决议要求总统使用武力，而麦金莱总统则于次日在决议上签字。就在4月20日当天，美国政府向西班牙发出了最后通牒，要求西班牙最迟在4月23日中午之前放弃在古巴的一切权力。此时，西班牙政府已经退无可退，宣布拒绝通牒并断绝与美国的外交关系。两国由此进入战争状态。法定的战争状态是以追溯的形式确认的：4月25日，美国国会宣布战争状态从4月21日开始。

---

1   Charles S. Campbell, *The Transformation of American Foreign Relations*, pp.259–260.

# 胜利、扩张与扩张悖论

## "一场绝妙的小战争"

从纯军事的角度来看，美国和西班牙的战争可以说是19世纪下半期到20世纪初大国战争中最乏善可陈的一次。美国的军事实力尽管占有决定性优势，但其现代化的军事机器毕竟刚刚建立，战争的组织和指挥暴露出不少问题。所幸西班牙方面的问题更加严重，战争准备松懈，指挥官完全没有斗志，对一些可能重创美军的机会也视而不见。双方宣战不久，美国亚洲分舰队就在乔治·杜威的指挥下轻易摧毁了在马尼拉湾的西班牙小舰队，取得"马尼拉湾大捷"，从而极大地振奋了国内士气。在加勒比海，美国海军主力等到7月3日才有机会与西班牙另一支小舰队交战并将其摧毁。7月15日，美国陆军1师赶到菲律宾并开始围攻马尼拉。7月19日，西班牙请求法国帮助斡旋停火，此后就开始打打谈谈，直到8月12日正式停火。

在这短短不到四个月的战争行动中，所有战斗的规模都不大，美国军队的损失更是微乎其微。在两场最大规模的海战——马尼拉湾海战和古巴沿海的海战中，西班牙海军的阵亡人数分别是四百余人和一百六十余人，美国海军则只有几人伤亡。在古巴的陆上作战中，美军也只有五百余人阵亡，而且多数是死于热带疾病。[1] 更重要的是，由于战争基本上是一边倒，所以整个过程对很多美国人来说有点过于轻松而显得不太真实。一位随军记者在报道中写道，当美国战舰在炮击一座西班牙要塞时，水手们"在小声说笑……同时从甲板底下传来军官们的弦乐队演奏的声音……像这样在本世纪末进行的战争是文明的"。[2] 时任美国驻英大使的海约翰对这场战争的称谓——"一场绝妙的小战争"，一下子成为美国人对这场战争最恰当的描述。

对美国来说，这场胜利最重要的影响也许是在社会心理层面。之前，很多美国人已经意识到自身的实力优势，但和西班牙的战争却将实力优势明确无误地转化为了战场上的胜势，这种对优势地位的证明极大地提振了美国的民族自信心。对精英人士来说，这场胜利不仅仅是战胜一个西班牙的问题，而且是美国在世界范围内的生存竞争中胜出的问题。美国原驻暹罗公使在《北美评论》上就发表文章称："为争夺太平洋主宰地位的竞争已经开始，现在是美国绷紧每根神经，使出所有能量以在这场斗争中领先的关键时刻……适者生存的法则不仅适用于动物王国，也适用于国家。"[3] 同样重要的是，战争发生时正值美国经济走出

---

1  Robert Love, *History of the U.S. Navy 1775–1941*, vol.1, p.391, 399.

2  Walter LaFeber, Richard Polenberg, *The American Century: A History of the United States Since the 1890s*, N.Y.: John Wiley & Sons, Inc. 1975, p.27.

3  John Barrett, "The Problem of the Philippines," *The North American Review*, vol.167, no.502 (Sep. 1898), p.267.

危机，在胜利欢呼和经济复苏带来的期望中，由1880年代末开始的社会动荡和理查德·霍夫施塔特所说的"社会心理危机"突然得到了决定性的缓解。美国似乎一下子摆脱了"中年危机"，重新回到了"青年时代"。

胜利也使思想家们一直努力诠释的"美国精神"实现了人格化。"马尼拉湾大捷"和"圣胡安山战斗"是美国国内最倾力宣扬的两场战斗，而战斗中的主人公——乔治·杜威和西奥多·罗斯福自然成为典型的美国英雄。其中西奥多·罗斯福的经历尤其富于传奇色彩。战争期间，他除了作为助理海军部长积极筹划和组织战争，还自告奋勇加入陆军，并作为一名陆军中校率领由志愿兵组成的"莽骑兵"（Rough Riders）参加了在古巴的战斗。其中的各种精彩细节（或是神话）更是在美国社会广为传颂。[1]在西奥多·罗斯福身上体现出来的特点——勇武、好战、不断扩张，正好反映了美国精英阶层的需求，也符合美国民众特别是中西部和西部民众的偏好，成为当时"美国精神"最理想的代表。在"美国英雄""美国精神"和胜利狂喜的共同影响下，美国国内社会对海外扩张的热情达到了前所未有的高度。

---

[1]　有英雄就有神话。关于老罗斯福的神话之一恰恰就是圣胡安山战斗。经历史学家考证，被画家、作家和一些历史学家广泛描绘的"罗斯福率兵进攻圣胡安山"实际并不存在。他率领"莽骑兵"（实际没骑马）进攻的并非主攻目标——圣胡安山（San Juan Hill），而是作为侧翼进攻旁边的壶山（Kettle Hill）。See Stephen Howarth, *To Shining Sea*, p.253.

问题在于，这种海外扩张并不是 1890 年以后一直强调的贸易扩张，而是领土扩张。

## 太平洋帝国

古巴是美西战争的主要起因，但美国 1898—1899 年的扩张范围并不包括古巴。出于经济、种族、政治体制和价值观等各种原因，美国国内有一批人坚决反对兼并古巴。就在授权麦金莱总统动用武力干涉古巴之前，国会通过了由参议员亨利·泰勒（Henry M. Teller）提出的"泰勒修正案"，其中明确否认将对古巴谋求"任何主权、司法权和控制权"，并宣布将由古巴人来统治古巴。这一修正案的通过当然不可能保证古巴人民享有自治，也不妨碍美国对古巴的控制。但是作为一个法律程序，它有效地阻止了任何直接兼并古巴的企图。所以，在美西战争爆发以后，美国扩张的主要方向集中在太平洋。

首当其冲的是夏威夷群岛。麦金莱政府上台后，曾于 1898 年初再度向国会递交兼并夏威夷的条约，结果未能通过。但美西战争的爆发使形势发生很大变化。杜威取得"马尼拉湾大捷"的消息传到华盛顿后，国内一片欢腾。群情高涨之下，共和党众议员弗朗西斯·纽兰兹（Francis Newlands）马上提出要求兼并夏威夷的决议案。[1] 在国会辩

---

1　决议并非条约，不需要三分之二的多数同意。这也是共和党内扩张主义者为争取国会通过而采取的新策略。

论中，主张兼并的议员集中强调夏威夷对美国在亚洲的军事行动的重要性，还特别提到夏威夷政府的"中立"使美国难以对杜威的分舰队进行有效补充。这些新的有力"证据"为兼并主义者占上风起了很大作用，但起决定作用的还是总统麦金莱。战争爆发后，他在扩张问题上的态度突然发生重大转变，开始明确主张兼并海外领土，甚至宣称"我们需要夏威夷甚于需要加利福尼亚，这就是天定命运"。[1] 按当时美国政治的权力结构，一旦总统把政治力量全部投向兼并主义者，国会通过决议就只是时间问题。扩张主义的主将、参议员亨利·卡伯特·洛奇对此看得很清楚："我不认为参议院［的反对派］能坚持多久。因为总统在这事上非常坚决，无论如何要吞并这一群岛。"[2] 最终，"纽兰兹决议"于6月15日和7月6日分别在众议院和参议院获得通过。1898年8月12日，美国正式吞并夏威夷。

美国在1898—1899年扩张的真正要点，同时也是国内争论焦点的，是菲律宾。在目前的历史材料中，没有任何证据表明美国在美西战争之前就已经打算攫取整个菲律宾群岛。当时不少扩张主义者是在"马尼拉湾大捷"的刺激下想到吞并菲律宾的："在任何情况下都不能让菲律宾

1　Ernest R. May, *Imperial Democracy*, p.244.

2　Theodore Roosevelt, Henry Cabot Lodge, *Selections from the Correspondence of Theodore Roosevelt and Henry Cabot Lodge, 1884–1918*, vol.1, New York: C. Scribner's Sons, 1925, p.311.

从我们手中溜走……我们抓住了太平洋的另一端，这样的价值对这个国家来说是超乎想象的。"[1]麦金莱的想法很可能也差不多。不过，美国最初只想在菲律宾占有一个海军基地，体现的还是原先"要点式扩张"的思路。但在7月26日的备忘录中，麦金莱总统已改变想法，称"西班牙必须放弃古巴和波多黎各以及它所管辖下的附近岛屿。这一要求不容许谈判……至于菲律宾问题，可以作为谈判的一个主题"。[2]9月，美方又进一步提出占有菲律宾的吕宋岛，到10月底更是要求吞并整个菲律宾群岛。出现这种变化的原因至少包括两点：(1)胜利刺激。无论在政府层面还是在民众层面，原先对兼并海外领土的谨慎态度被轻易到手的胜利所冲淡，而且吞并的胃口也大大增加。(2)与列强竞争的现实考虑。就在杜威取得马尼拉湾的胜利后，德国军舰首先驶入马尼拉湾进行"观察"，英、法、日的军舰也接踵而至。德国的亚洲分舰队于6月12日驶入马尼拉湾，以调查"当地人的愿望和外国对政治局势的影响"。这种自身目标不明确但故作神秘、显示力量的举动，是威廉二世时期德国的典型做法。杜威对德国分舰队此时的出现很愤怒，也有点紧张，整个美国海军在此后十多年中一直对德国耿耿于怀。这些国家纷纷向美国提出，如果美国只想

---

1　Ernest R. May, *Imperial Democracy*, p.245.

2　Lewis L. Gould, *The Spanish-American War and President McKinley*, p.85.

吞并菲律宾群岛的一部分，那么它们希望占有剩余的部分。其中英国提出占有全部剩余岛屿，德国提出至少占有一个海军基地，日本提出参与对菲的联合保护。这样一来，美国的胜利将加强其竞争对手的地位，对此美国政府当然不会接受。面对美国不断追加的要求，西班牙只能答应，最后签署的《巴黎和约》规定美国占有整个菲律宾群岛。

但是，这种做法远远超出了"要点式扩张"的范畴，已经开始向欧洲"殖民帝国模式"迈进。这就不可避免地触及美国政治文化中的某种反殖民传统。在很多倾向于自由主义的美国人看来，大陆扩张是"天定命运"，美国人和政治制度可以迅速地扩展到新的领土上，所以是一种同质的扩张。而将一些遥远的地区兼并进来则会带来问题，特别是大量其他种族的当地人"不可能真正接受美国的政治制度"，"无法成为真正的美国公民"。这些过多的"异质成分"将对美国的联邦制度和民主制度带来巨大压力。另外，统治这些遥远的地区也会带来巨大的军事和财政成本，造成军队规模膨胀、国家权力集中、种族纯洁性被破坏，最后美国会像罗马共和国一样因扩张而毁了共和制度。[1] 在吞并菲律宾的问题上，不少美国人就出于这一原因而持反对态度。另一部分的反对者则是从现实角度出发，认为"要点式扩张"和海外贸易扩张是最有利的扩张方式。美国不

---

1　Ernest R. May, *American Imperialism*, p.173.

需要承担统治大片殖民地的政治和财政负担就可以获得巨大利益。像马汉就属于这一类反对者，他坚持认为美国没有必要吞并整个菲律宾，只需要获得一个海军基地，以保证美国海军在西太平洋地区的有效存在。

无论出于何种考虑，吞并菲律宾的议题在美国国内遇到了一股比较强大的反对浪潮。1898 年 10 月，"反帝国主义联盟"（Anti-Imperialist League）在波士顿成立并向各地扩散，1899 年又成立了全国性的"反帝国主义联盟"。这一运动规模较大，仅波士顿分会就拥有三万多名成员，而且包括了前总统克利夫兰、哈里森和钢铁大亨安德鲁·卡内基等知名人士。[1]但在当时举国为胜利所陶醉的情况下，这种反对声音显然不足以使美国放弃轻易到手的战利品。在 1899 年 2 月 5 日的国会辩论中，最有力的还是帝国主义的语言：攫取菲律宾可以"在中国海构筑屏障，并确保在太平洋的另一边拥有控制……从而加强我们对太平洋和 20 世纪跨太平洋贸易的控制"。出于种种原因反对的人，则是"过于多愁善感的……不像美国人，也不像基督徒"。[2]更重要的是，美国政府已经形成了包括兼并整个菲律宾群岛、波多黎各和关岛在内的一个"大政策"（the Large Policy）。[3]

---

1  Fred H. Harrington, "The Anti-Imperialist Movement in the United States 1898–1900," *Mississippi Valley Historical Review*, vol.22, no.2 (Sep. 1935), pp.211–230.

2  Ernest R. May, *American Imperialism*, p.207.

3  *Selections from the Correspondence of Theodore Roosevelt and Henry Cabot Lodge, 1884–1918*, vol.1, p.299, p.302.

麦金莱总统志在必得，并为此动用了几乎全部的政治资源。2月6日，美国参议院最终以三分之二多数通过了兼并菲律宾的条约，并于几天后否决了一项要求在菲律宾人有能力建立稳定政府时就准予其自治的修正案。这显示出，美国决心将到手的战利品无限期地保留下去。到1899年，美国已经兼并了夏威夷、菲律宾、关岛、威克岛等地，形成了从美国本土直达东亚的一连串"跳板"。一个"太平洋帝国"由此建立。

## 扩张悖论

历史上的帝国扩张基本都是领土扩张。这种扩张有两个特点：一是必须投入大量的军事和财政资源，因为新获得的领土需要管理和保卫，而扩张越多，相应投入的资源也越多；二是领土扩张有时会产生"自我激发"的效果，即扩大的领土造成了军事防卫的难题，结果往往以进一步扩张来消除。[1] 而当领土扩张超过一定限度后，管理和保卫的成本将迅速超过扩张的收益，从而导致帝国衰落。[2] 这就

---

[1] 英帝国在印度的陆地扩张也可以如此解释："位于英国（印度）领土边界的那些腐败而好战的当地头人威胁到贸易或秩序，英国人因而对他们采取军事行动，这就导致英国统治进一步扩张，也因此导致英国与另一些土著对立，前进过程又从头再来一遍。"See Corelli Barnett, *Britain and Her Army 1509–1970*, New York: William Morrow, 1970, p.273.

[2] 吉尔平认为，经济领域的边际收益递减规律同样适用于国际政治，因此帝国扩张也存在一个限度，超越了以后边际成本将超过边际收益。参见［美］罗伯特·吉尔平《世界政治中的战争与变革》，武军等译，北京：中国人民大学出版社，1994年，第113页。

是扩张带来的代价和风险，或者称之为扩张悖论。

这种扩张悖论在美国的大陆扩张阶段基本没有出现，但美国的政治文化似乎一直对此比较警觉。把美国自由主义传统中"反对兼并海外领土"的命题揭开，可以发现其背后不仅仅是自由主义的价值观，还包括了一种精细的收益－成本权衡。其中的一个重要出发点，就是避免扩张悖论，防止美国重蹈以往帝国因过度扩张而衰落的覆辙。1890 年前后，美国思想界与政界精英在海外扩张问题上形成的共识同样体现了这种思维逻辑：既要获得海外扩张带来的好处，又不能背上管理和控制大片殖民地的成本，因此选择了贸易扩张和要点式扩张的途径。但是吞并菲律宾这样一个人口众多的遥远群岛明显违反了这种模式。其理由可能只有一个，那就是在轻易到手的胜利面前，美国的自信心也极度膨胀，"成本""风险"等原本十分看重的因素此时变得无足轻重。一些历史学家也认为，1898—1899 年的扩张（特别是吞并菲律宾）是对美国 1890 年以后海外扩张路线的一次"背离"。如果继续沿这一方向走下去，美国难免重复欧洲列强抢夺殖民地、建立殖民帝国的老路。

不过美国还是幸运的。1898—1899 年美国的扩张悖论来得十分迅速，使其能够及时回头。在美军占领菲律宾后，菲律宾反抗西班牙殖民统治的起义军马上将反抗的矛头指向美国。早在 1899 年 2 月 4 日，即美国参议院投票通过兼并菲律宾条约的两天前，美军与菲律宾起义军发生交火并迅速开战。和与西班牙的战争相比，美军镇压菲律宾起义者的战争要漫长得多，也要血腥得多。美军镇压菲起义军用了三年，美军有两千余人战死，菲律宾人死亡约二十万。1899 年，美在菲兵力为三万人，到 1900 年不得不增加到六万人，而且随着战争的拖延，美军的镇压手段也越来越残暴。有一次，因一小队美军遭到起义军围歼，一位美军将军竟然下令处死当地所有十岁以上的菲律宾男子。[1] 当巨大的伤亡数字和美军的暴行传到国内后，美国人开始意识到殖民扩张的代价，而原先为吞并菲律宾而宣扬的"白人的责任"也不攻自破。这种"现世报"式的扩张悖论在很大程度上改变了美国朝野的看法，扭转了美西战争后要求进一步扩大海外领土的趋势，美国的海外扩张也重新回到了贸易扩张和"要点式扩张"的既定路线。

从这一角度来看，美西战争既是 1890—1900 年美国海外扩张的一个高潮，又是一个例外。尤其是美国吞并菲律宾的行为，对其以贸易扩张为主的海外扩张路线构成了短暂冲击，但随后的代价又迫使美国及时收手，从而使政策的摇摆幅度限制在一定范围之内。不过，攫取菲律宾还是对美国的对外政策造成了深远的影响。有了这一通向东亚，特别是中国的"跳板"，美国就有资本推行一种更加积极的亚洲政策，其世纪之交的外交重点也因此围绕东亚展开。

---

1　Walter LaFeber, Richard Polenberg, *The American Century*, p.28.

第五章

# "门户开放"照会与美式帝国的定型

美国在 19 世纪最后十年的扩张以两次著名的外交照会收尾。1899 年和 1900 年的"门户开放"照会尽管针对的是中国，但其真正意义是对美国海外扩张基本方式的一种重新确认，即美国摆脱了美西战争后兼并海外领土的短暂热情，重新回到贸易和影响力扩张的路线。"门户开放"因而成为美国海外扩张逻辑的集中体现，美式帝国至此也基本定型。

## 中国市场与美国的战略

19 世纪末，当美国人狂热地讨论通过海外贸易扩张来解决国内的生产过剩问题，或者讨论继续向太平洋方向"西进"以克服"边疆关闭"问题时，他们脑海中都隐隐约约有一个最终目标——亚洲，更确切地说是中国。

美国当然不是第一个垂涎中国市场的西方国家。早在鸦片战争以前，中国辽阔的幅员就极大地刺激了英国商人的想象力，在他们看来，几亿中国人只要每人买一件他们的商品，就足够曼彻斯特、格拉斯哥等地的所有工厂运转好几年。到 19 世纪末，美国商人同样对神话般的中国市场充满期待，甚至用的语言也基本和以前的英国商人一样，只是把工厂的地点换成了美国：如果每个中国人买一蒲式耳（在美国约为 35.238 升）美国面粉，那么美国全部的小麦都将告罄；如果每个中国人每天哪怕只买一片饼干，美国全国的工厂都要没日没夜地加班赶工。在美国商界眼中，中国是一个"独一无二"、能提供"无限可能的"巨大市场，1898 年一份商业杂志就激动地宣称："在中国有四亿人口，是美国人口的五倍还多。这四亿人的需求每年都在增长，这是多大的市场！"[1]

从当时的贸易情况看，美国对华贸易规模并不大，但增长速度相当快。1898 年美国对华出口额（不包括对香港）约 1000 万美元，1899 年为 1400 万美元，只占美国出口总

---

1　Charles S. Campbell, Jr., *Special Business Interests and the Open Door Policy*, Yale University Press, 1951, p.12.

额的 1% 左右。[1] 不过，从 1890 年到 1900 年这十年间，美国对华出口却实现了 200% 的增长，而制成品的对华出口在 1895 年到 1900 年内更是实现了 400% 的惊人增长。[2] 这种势头极大地影响到美国商界的对华预期。势力庞大的美国"全国制造商协会"就指出，对华贸易"仅仅处于初步阶段"，拥有"巨大的可能性"，美国中西部商界的主要代表——芝加哥商会更是认为中国市场将带来"以往没有任何国家遇到过的"机会。甚至连一些欧洲人也认为，美国对华贸易的快速增长表明，1890 年代末的美中贸易同未来发展相比"还仅仅处在婴儿阶段"。[3] 而对棉花、煤油等行业来说，对华出口已经是巨大的既得利益。以棉花行业为例，在 1887—1897 年间，美国向中国的棉花出口量增加了 121%，出口额增加了 59%，占中国棉花进口总量的份额也从 1887 年的 22.3% 上升到 1897 年的 33%。中国则成为美国棉花出口的最大市场，占其出口总量的 50%。在出口刺激下，美国棉花产区（主要是南部各州）的棉花加工也不断扩张，棉锭数量在 1889—1900 年间增长了 194%。到 1890 年代末，以棉花生产为主要经济支柱的美国南部各州

---

1　Paul A. Varg, "The Myth of the China Market, 1890–1914," *The American Historical Review*, vol.73, no.3 (Feb. 1968), pp.742–758.

2　Thomas J. McCormick, *China Market: America's Quest for Informal Empire 1893–1901*, Chicago: Quadrangle Books, 1967, p.131.

3　Charles S. Campbell Jr., *Special Business Interests and the Open Door Policy*, pp.11–12.

对中国市场的依赖已经达到相当的程度。南卡罗来纳州的棉花商 1899 年在给国会的请愿书中就写道："你可以马上看到对华贸易对我们的重要性：它就是一切。"[1]

从全球贸易竞争的角度来看，中国市场的吸引力就更大了。1890 年后，随着美国商品潮水般地涌向海外市场，欧洲国家越来越感受到来自美国的竞争压力。德国皇帝威廉二世在 1895 年就把"共同对付美国威胁"作为拉拢俄国的一张牌，1897 年又建议欧洲大陆国家联合起来"将大西洋彼岸的竞争者关在门外"。而真正体现欧洲国家紧张心理的，则是奥匈帝国外交大臣阿格诺尔·戈武霍夫斯基（Agenor Goluchowski）1897 年 11 月 20 日发表的那篇著名讲演。他认为欧洲正在经历一场"与大洋彼岸国家的毁灭性竞争"，呼吁欧洲国家"肩并肩地与这一共同的危险作斗争"。在美国国务院眼中，这篇讲演无异于一场商业战争的宣战书，而沙皇俄国则被普遍视为此事的后台和推手。[2] 在现实中，欧洲国家与美国之间的贸易竞争也在升级。美国 1897 年通过的《丁格雷关税法》从自由贸易角度来看是一次倒退，其在调高关税的同时还部分恢复了 1890 年的互惠条款，使欧洲在对美贸易方面处于不利。当时的德国财政国务秘书（类似于财政部长）就将该法形容为"在鲤鱼

---

1　Charles S. Campbell Jr., *Special Business Interests and the Open Door Policy*, p.19–20

2　Walter LaFeber, *The New Empire*, p.378.

池里放入了一条狗鱼"。而在欧洲方面，一些国家则考虑对其广大殖民地进行某种关税保护，以便为宗主国的商品创造最优惠的条件。即使像"自由贸易"最主要的支持者——英国也不乏这种想法。殖民地事务大臣约瑟夫·张伯伦就对在英帝国内部实现共同关税非常热心，并提出如果短时间内建立共同关税不太现实，那么殖民地也应该在关税方面对宗主国更加优惠一些。面对这种情况，美国的压力也不小。因为英国一旦在整个帝国范围内实行差别关税政策，那么美国最主要的出口市场将受到很大挤压，这样一来真正有价值的海外市场就只剩下两个——拉美与中国。而在拉美市场，美国所占份额已经达到相当程度，进一步发展的空间已经不大。相比之下，中国市场的巨大潜力无疑更有价值，中国便成了美国赢得国际贸易竞争的关键战场。美国《商贸杂志》的一句话代表了1890年代末美国商界的普遍观点："争夺世界贸易霸权的斗争是在东亚而不是南美进行的。"[1]

　　关于如何赢得这场"斗争"，美国人也有一条比较明确的思路，那就是要求列强在中国进行开放式的、"机会均等"的商业竞争。可以说，从1844年逼迫清政府签订不平等的《望厦条约》开始，美国就一直是这么做的。对美国来说，其志向绝不仅仅是在中国攫取一两片"租界"或势力范围，

---

1　Charles S. Campbell Jr., *Special Business Interests and the Open Door Policy*, p.9.

它瞄准的是整个中国市场。而通过强调列强在中国的门户开放，美国就可以充分发挥自己在生产能力方面的优势，同时回避地理相距遥远这一劣势，最终实现在华利益最大化。所以，与部分欧洲列强着眼于在华攫取势力范围和"租界"相比，这种"门户开放"政策背后的逻辑要强悍得多，甚至可以说只有最强悍、最有实力的国家才会作出这种选择。美国商界最有影响的杂志之一——《银行家杂志》的文章就很能说明问题："不通过战争和军事扩张，能提供最便宜、最好商品的国家就能占有最大最好的市场……如果中国能向全世界开放贸易……美国和英国就不用怕任何竞争者。但俄国、德国和法国在英美商品面前就或多或少地处于不利地位。因此它们根本不会接受这种哲学观念。"[1]

　　然而需要指出的是，在 19 世纪下半期相当长的时间内，美国并不是最有实力的国家，"门户开放"政策也不是美国的发明。1840 年鸦片战争以后，英国势力大举入侵中国并攫取了香港等地，同时在商贸活动方面强调列强之间"不歧视""机会均等"等自由贸易原则，事实上推行的就是"门户开放"政策。当时，英国在华商业利益是列强中最大的，其投资占外国在华投资的三分之一，贸易则占中国对外贸易的三分之二，而且英国的商船承担了中国

---

1　Thomas J. McCormick, *China Market*, p.129.

外贸船运的 85%。[1]在这种情况下，美国实际上是追随了英国的政策，其"门户开放"属于一种"搭便车"行为。也正因为如此，美国才有条件长时间地推行一种被形容为"自由放任"的对华商业政策，即任由传教士、商人和冒险家在华开展活动，政府则既不干预，也不推动。1887 年美国国务院还专门发表训令，规定美国外交官支持在华商业的任何行动必须事先报请国务院批准。在 1895 年中日甲午战争以后，美国财团急于在清政府对日赔款的外国贷款中分一杯羹，但苦于竞争不过法俄财团，希望美国政府能提供外交支持。当时美国驻华公使田贝（Charles Denby）对此很积极，但其请求被国务院驳回，克利夫兰总统亲自授意的一封电报明确指示："不允许用任何方式运用你的外交影响来支持（竞争）贷款……你的行为将仅限于正式阐述有关利益各方的要求，如果你认为这种行为是合适的话。"在田贝再三请求后，国务院干脆重申了 1887 年训令，命令他"放弃运用外交影响来帮助美国金融或商贸企业。这种事情只有在特殊情况下才可以做，而且必须事先将所有事实和理由报告国务院"。[2]

不过，随着列强在华竞争升级，美国这种"自由放任"的政策也在迅速改变。就在美国财团竞争清政府对日赔款

---

1　Bradford Perkins, *The Great Rapprochement*, p.209.

2　Ibid., p.68.

的第二批贷款失败后，一些拥有在华商业利益的美国企业和财团加强了对政府的游说力度。美国政府也对欧洲列强，特别是俄国势力在中国的扩张感到不安。在这种情况下，1896 年夏李鸿章的访美为美国政策的转变提供了一个意想不到的推力。此次访问比较有戏剧性，因为李鸿章一开始的计划是参加俄国沙皇尼古拉二世的加冕典礼并顺访欧洲，访美属于临时决定的"过境顺访"。而在访美期间，双方也因为文化差异和误解而闹出一系列小笑话，给了后人不少演绎的空间。但是，这些并不能抵消这次访问的影响。首先，李鸿章的来访刺激了美国政府对华事务的关注。一开始，总统克利夫兰和国务卿奥尔尼对李鸿章的来访持一种漫不经心的态度，两人甚至讨论是应该"放一串爆竹"还是"摆一次下午茶"来欢迎李鸿章。结果一批商界人士和政府内部像柔克义（William .W. Rockhill）等几个"中国通"急忙向总统施加影响，高度强调中国市场的重要性。克利夫兰和奥尔尼很快被说服并调整接待计划，最后美国政府以非常高的规格精心接待了李鸿章的"非正式来访"。其次，李鸿章在访美期间表示欢迎美国企业前往中国，而在他回国后，伯利恒钢铁公司、鲍德温火车机车公司等美国大公司都在华顺利拿到合同。[1] 无论是否属于巧合，这些都进一步刺激了美国商界和政府对中国市场的预期。这样，在多

---

1　Thomas J. McCormick, *China Market*, pp.71–72.

个因素的共同作用下，1896 年下半年起，美国就开始改变对华政策中的"自由放任"路线。当时美国的"华美合兴公司"竞争卢汉铁路的修筑权受挫，国务卿奥尔尼给驻华公使田贝的指令就变成"用一切适当的手段"给予支持，与前一年的指令形成鲜明对比。[1] 更重要的是，他在此后的电报中还指示田贝"对所有以往的训令不用太拘泥于字面含义"，同时还要求其及时告知国务院美国在华商贸活动的详细情况，[2] 这实际上就撤销了 1887 年的国务院训令。美国的政策由此从"自由放任"向"积极推动"的方向转变。

麦金莱政府上台后基本延续了"积极推动"的做法。不过此时美国政府的注意力被古巴问题吸引，暂时无暇他顾，在支持在华商业利益的问题上也重归保守。国务卿约翰·谢尔曼一上任就驳回了田贝关于进一步支持在华商务活动的请求，并警告其应保持谨慎。但这种政策的回调毕竟是短暂的，在华利益上升和列强加紧瓜分中国这两个趋势决定了美国政策演变的基本方向。美西战争结束后，获得了菲律宾这一"跳板"的美国更有资本，也更有信心来参与列强在华竞争了。

---

1 Charles S. Campbell Jr., *Special Business Interests and the Open Door Policy*, p.28.

2 Thomas J. McCormick, *China Market*, p.74.

## 瓜分中国带来的冲击

事物往往会以意想不到的节奏发展。就在美国专注于古巴问题和与西班牙的战争时，中国的形势发生了迅速的变化，美国占领中国市场的努力一下子面临着从未有过的挑战。

### 瓜分威胁

首先是中国面临被瓜分的危险。在美国专心准备与西班牙争夺古巴时，欧洲列强对中国的争夺也激烈起来。1897 年 11 月，德国借口两个传教士被杀，出兵强占中国胶州湾。此举打破了列强之间非常脆弱的平衡，极大地刺激了其他列强的胃口和神经。俄国驻法大使就评价说："以前欧洲列强之间有一种非正式的谅解，那就是要保证中华帝国的领土完整……现在这种谅解已经如此频繁地被打破，欧洲列强已经不用履行这一职责，可以在中国为所欲为了。"[1]12 月，俄国军舰即开进旅顺口，对清政府诡称"帮助中国人摆脱德国人"，对英、日等国则称"暂泊""过冬"，实际上完全占领了旅顺口和大连湾。到 1898 年 3 月，德、

---

[1] Yoneyuki Sugita, "The Rise of an American Principle in China: A Reinterpretation of the First Open Door Notes toward China," in Richard Jensen, Jon Davidann, Yoneyuki Sugita (eds.), *Trans-Pacific Relations: America, Europe, and Asia in the Twentieth Century*, Westport: Praeger Publishers, 2003, p.7.

俄两国分别强迫清政府签订《胶澳租借条约》和《旅大租地条约》，以不平等条约的形式将攫取的利益"巩固"下来。在这种情况下，其他列强也唯恐落后。法国于1898年4月迫使清政府同意"租借"广州湾九十九年并保证不把两广和云南租让给任何国家。几天以后，日本又强迫清政府保证不向任何国家割让福建。

面对俄、德等国直接攫取中国领土的行动，一直提倡"门户开放""维持中国主权和领土完整"的英国一开始似乎还想抵制一下，但很快就改变立场，决心自己也攫取一个港口。1898年3月，就在《旅大租地条约》签订之前，英国驻华公使窦纳乐（Claude Maxwell MacDonald）向清政府提出租借威海卫以抵消俄国租借旅大的影响，并于7月1日签订《订租威海卫专条》，明确规定租期与俄国驻守旅顺之期相同。在法国"租借"广州湾后，英国又强租九龙作为"平衡"。到8月份的时候，英国似乎连"门户开放"的表面功夫都不愿做了，代理外交大臣一职的阿瑟·贝尔福在众议院讲演时表示"租借地必须给予某个国家。而这个国家获得它以后，其他国家的人必须被排挤出去……这不算是不公平待遇"。一贯直言不讳的殖民地事务大臣张伯伦更是放言：英国不会"对一个看起来正在衰朽的帝国作任何类似维护其领土完整和独立的保证"。[1] 一时间，列

---

1　William L. Langer, *The Diplomacy of Imperialism 1890–1902*, vol.2, p.681.

强对中国的瓜分似乎马上就要开始。

美国非常不愿意看到这种局面。对美国来说，"门户开放"的先决条件是列强不能瓜分中国领土，这样才能够从容地发挥自己生产能力方面的优势。如果原先的游戏规则被打破，那么距离遥远的美国在与欧洲列强的竞争中无疑会处于十分不利的境地，通过"门户开放""机会均等"来获得优势的思路将整体落空。为此，美国驻华公使田贝接连向华盛顿发出警报，在 1898 年 1 月 31 日的著名报告中他指出："瓜分将会毁掉我们的市场。太平洋却是注定能比大西洋承载起更多贸易的。"[1]3 月，当俄国不再假托在旅大"暂泊""过冬"而是正式提出"租借"时，田贝在给国务卿谢尔曼的报告中，称俄国行为属于"拐弯抹角的背信弃义……国际交往中还没有发生过比这更卑鄙的事情"。[2]美国拥有在华利益的企业同样感觉到了威胁，尤其是对中国市场依赖最大的棉花生产商。美国棉花在中国的主要市场是华北和东北，旅大则是其最主要的进口口岸，因此俄国的占领行动使这批商人尤其感到紧张。为了促使政府采取行动，1898 年 1 月，由美孚石油公司、伯利恒钢铁公司和棉花出口企业等拥有巨大在华商业利益的公司一起组成

---

1    William Appleman Williams (ed.), *The Shaping of American Diplomacy*, vol.1, p.369.

2    Walter LaFeber, *The New Empire*, p.380.

了"美国在华利益委员会",开始大规模的宣传和公关。[1]2—3月份,纽约、费城、波士顿等城市的商会开始向政府递交请愿书,要求立即在中国采取行动。

随着其他列强加紧在华攫取"租界",特别是英国加入这一瓜分行列,美国商界开始陷入真正的惊慌。如前所述,美国在华一直奉行一种"搭便车"式的"门户开放"政策,只要英国还在坚持以"不瓜分中国"为前提的"门户开放",美国的便车就能搭下去,其在华商业利益也有基本的保证。当德、俄攫取胶州湾和旅大后,一些美国人还对英国抱有幻想:"英国坚持在东方市场实行自由和机会均等的贸易原则,这样就为美国轻易和快速地征服这些市场铺平了道路。"[2] 所以,一旦英国表现出放弃"门户开放"的立场,美国对华政策的一个先决条件就不复存在。这对美国人的震动是深层次的,商界开始担心自己将无缘于神话般的中国市场。一份商业杂志形象地反映了这种普遍情绪:"现在美国人民刚刚醒悟到,我们有能力在亚洲的贸易中占有一个主导位置。但几乎就在我们意识到这一点的时候,别人却宣布这扇门就要关上了,而且马上就要喊:'太晚了,太

---

1 该委员会在当年 6 月改组为"美国亚洲协会",加强了组织和公关能力,还出版刊物,其成员包括后来"门户开放"照会的起草人、后来任驻华公使的柔克义,在美国对华政策方面发挥了很大影响。驻华公使田贝卸任后成为该组织的名誉会员。

2 Walter LaFeber, *The New Empire*, p.357.

晚了，你们现在不能进来了。'"[1]

美国政府当然也意识到了威胁。1898 年 1 月，国务卿谢尔曼还宣称瓜分中国无损美国在华利益。到 6 月，接替谢尔曼任国务卿的约翰·戴就完全改变了口径，他在给国会的信中明确表示瓜分中国威胁到了"美国的重要利益"。[2]与此同时，政府还要求国会拨款两万美元成立一个专门委员会来研究美国对华贸易的前景。美西战争实现停火后，美国对中国形势的关注度进一步加大，政策调整的倾向也越来越明显。9 月 16 日，总统麦金莱在会见即将前往巴黎进行和谈的美国代表团时表示："美国将运用所有合法的手段来扩展贸易，但不会在东方寻求排他性的好处。我们只要求门户开放，同时也准备对其他国家门户开放。"这也是他第一次公开提到"门户开放"政策。[3]到 1898 年 12 月向国会发表年度国情咨文时，麦金莱则非常明确地宣布，庞大的对华贸易使美国不可能在瓜分中国的问题上充当"无动于衷的观众"，门户开放政策的未来也不可能"凭运气"，美国将"运用符合我们政府现行政策的一切手段来促进我

---

1　Charles S. Campbell Jr., *Special Business Interests and the Open Door Policy*, p.45.

2　Thomas J. McCormick, "Insular Imperialism and the Open Door: The China Market and the Spanish-American War," *Pacific Historical Review*, vol.32, no.2 (May 1963), p.161.

3　Lewis L. Gould, *The Presidency of William McKinley*, University Press of Kansas, 1983, p.201.

们在这一地区的巨大利益"。[1] 在美国刚刚结束了一场胜利的战争后，麦金莱所说的"符合现行政策的一切手段"会给其他国家留下很多猜想，其强调力度无疑超过了以往任何时候。这一咨文与同年 1 月谢尔曼的表态形成了鲜明反差，也体现出美国对华政策的迅速调整。

驻华公使的人选变动，也在某种程度上反映了这种政策调整。1897 年底，田贝即将卸任驻华公使一职，总统麦金莱一开始物色了一个没多少外交经验的年轻人接替田贝。但随着形势的发展，这一决定遭到了广泛批评。《纽约时报》等报纸公开要求任命"一个有能力保护我们巨大商业利益的人"。参议院也越来越倾向于认为，中国的形势要求驻华公使是"最能干、最有经验的官员之一"，"在这一时刻，驻英国、法国或俄国的使节都没有驻中国的使节重要"。[2] 最后麦金莱改派有经验的资深外交官康格（Edwin H. Conger）任美国驻华公使。后者于 1898 年 7 月正式到任。当然，在 1898 年的诸多人事变动中，对美国在华政策影响最大的还是国务卿一职。约翰·戴在 4 月接替谢尔曼出任国务卿，五个月后离职，国务卿改由驻英大使海约翰担任。这个名字从此与美国"门户开放"政策联系在一起。

---

1 Thomas J. McCormick, *China Market*, p.125.

2 Ibid., p.96.

## 国务卿海约翰

在美国历任国务卿中，海约翰占有一个比较特殊的位置。他当过林肯总统的秘书，二十七岁进入外交界工作，曾任助理国务卿（1879—1881）、美国驻英国大使（1897—1898）等职，外交经验丰富。从个性上看，海约翰属于比较讲究品位、精致而有知识分子气质的人，不太符合"美国精神"，与美国政坛那种略显粗野但富有冲劲的风格也不相符。一些参议员看不惯他，他也毫不掩饰对他们的不屑。所以海约翰和国会的关系一直不太好。

这样一个人对英国有好感应该不难理解。实际上，海约翰是当时美国政坛主张英美联合的主要人物之一，有名的"亲英派"，其做法甚至一度被陆军部长鲁特骂为"媚英外交"。他任驻英大使期间正值列强在华矛盾尖锐化，英美两国国内都出现了联合起来维护在华"门户开放"的呼声。这种倾向可以看成是委内瑞拉危机后英美和解的继续和深化。在美国方面，参议院外交关系委员会主席库什曼·戴维斯（Cushman Davis）和参议员亨利·卡伯特·洛奇都表示愿意和英国"肩并肩地站在一起"，以保证中国的港口和市场向所有国家开放。[1]甚至几年前和英国有过猛烈交锋的前国务卿奥尔尼，也在《大西洋月刊》上公开撰文，主

---

1　Charles S. Campbell, *Anglo-American Understanding, 1898–1903*, Baltimore: Johns Hopkins Press, 1957, pp.15–16.

张在维护在华"门户开放"问题上与英国结成同盟。[1] 在英国方面，殖民地事务大臣约瑟夫·张伯伦对英美联合一事也非常热衷。

但是，英美在中国问题上的合作是有限度的。首先，两国的在华利益不对称，英国拥有的是巨大的既得利益，美国更多的是预期利益。其次，两国的地位不对称，英国长期以来是门户开放的主导者，而美国是搭车者，后者一直享有可观的"行动自由"。再次，除了联合，双方还有广泛的选择空间，特别是英国手中拥有众多筹码，在政策转换方面更加容易。最后，双方的实际互信程度并不高。所以，当张伯伦于1898年3月8日正式向美国提议联合行动时，美国就以古巴问题吃紧为由而搪塞了过去。英国在失望之余就开始转向加入瓜分中国的行列。在这一过程中，作为驻英大使的海约翰一直是积极的推动者，在给国务院的报告中他一再强调英国在对华政策问题上是"清晰而积极的"，为维护"门户开放"必要时甚至不惜一战。在这一点上，他与驻华公使田贝的观点完全不一致，后者恰恰认为英国只会做一些表面文章，而且最终会加入瓜分中国的行列并将长江流域划入自己的势力范围。[2]

当上国务卿后，海约翰并没有完全打消与英国联合的

1　Richard Olney, "International Isolation of the United States," *Atlantic Monthly*, vol.81, no.5 (May 1898), pp.577–588.

2　Thomas J. McCormick, *China Market*, p.98.

想法，但形势已经发生了很大改变。除英国已经放弃"门户开放"，中国的局势也更加动荡。1898 年 9 月，慈禧太后发动政变囚禁光绪皇帝，戊戌变法失败，义和团运动逐步从山东、直隶等地向京津腹地蔓延。俄国等列强则以此为借口，加紧在华攫取权益。在这种情况下，海约翰采取了一连串显示美国决心的行动，比如 10 月派遣两艘炮舰从马尼拉开往塘沽向清政府示威（同时也向欧洲列强显示美国的军事存在），并电令驻华公使康格"采取有力行动保护美国人"，12 月电令康格挫败法国扩大其上海租界的企图，1899 年 1 月要求驻华公使和驻俄代办对美国向俄国在华势力范围出口棉花问题"给予高度关注"，3 月又要求后者就该问题"利用一切机会采取积极行动"，等等。[1] 这些行动当然获得了美国国内相关利益集团的喝彩，但海约翰非常清楚，东亚绝不是拉美，美国在这一地区的影响力是有限的，必须充分利用欧洲列强之间错综复杂的关系才有可能成功。换句话说，美国在中国的外交需要更加"英国化"一些，将宏观的原则与精细的权力政治手段结合起来，而这一点正符合海约翰的个性。

---

1　Charles S. Campbell Jr., *Special Business Interests and the Open Door Policy*, pp.47–48.

## 三种选择

然而留给他的时间似乎并不多。1898 年和 1899 年初，英国再次向美国提出采取联合行动以维护"门户开放"。这是英国在与俄国谈判划分势力范围期间的一次"再保险"行动，结果与 1898 年 3 月张伯伦的提议一样，英美两国都不愿冲到第一线与俄国交恶，也都不愿为对方火中取栗，于是最后不了了之。到 1899 年 4 月，英俄之间的谈判却有了成果，双方签订了所谓《斯科特—穆拉维约夫协定》，规定英国不在长城以北谋求铁路修筑权，而俄国也不在长江流域寻求此类权益，从而在事实上划定了在华势力范围。这对美国来说是又一次打击。长期呼吁加大对东亚关注的美国亚洲协会荣誉会员、美驻暹罗前公使约翰·巴雷特（John Barrett）在纽约商会的讲演中指出："英国最近的行动……已经无可逆转地将它置于承认'势力范围'的国家之列。"而美国则成为"仅有"的支持"门户开放"的国家。[1]

这种形势也迫使美国政府采取行动，而可能的政策选择不外乎三种。

第一种是趁为时未晚，加入瓜分中国的行列。这是一种"单边路线"。1899 年初，很多传言称美国也将在中国划分自己的势力范围。事实上美国确有这方面的动作。1899 年 1 月，美国驻厦门领事就向国务院建议将厦门作为

---

1　Charles S. Campbell Jr., *Special Business Interests and the Open Door Policy*, p.52.

美国的势力范围，5 月还与清政府官员商讨"租借"附近的一个岛。但是从收益—成本角度看的话，这种选择对美国来说显得非常不明智。在欧洲列强瓜分中国的狂潮中，美国作为"后来者"充其量只能攫取一小片"势力范围"，而美国商品的主要出口地区则都处在俄、德控制之下，如果仿效英俄相互承认势力范围的做法，美国将完全得不偿失。另外，这种做法也与美国对中国市场的预期相距甚远，换言之，美国看中的是整个中国市场，一小片地区对其没有吸引力。

　　第二种选择是联合其他国家共同支撑"门户开放"政策，类似"联盟路线"。在当时的情况下，有可能和美国一起形成某种东亚"三国协约"的国家主要是英国和日本。这两个国家在"门户开放"问题上与美国的立场更接近一些，部分美国政客也在谈论美、英、日三国形成"门户开放协约"的可能性。[1]但在列强在华矛盾日益尖锐的情况下，美国联合英日维护"门户开放"存在两大弊端：一是美国将由此与英日两国共进退，从而失去原先的"行动自由"；二是可能由此卷入列强之间的矛盾和对抗，从而不得不在一些敌对阵营之间"选边站"，甚至可能被迫结成某种联盟。这对美国来说代价过大，更何况英国与日本的立场本身就

---

1　后来美国总统西奥多·罗斯福的东亚政策就与这种选择相类似。Thomas J. McCormick, *China Market*, p.136.

不确定，像美国国务院官员柔克义就认为英国"和俄国一样都是在华（门户开放）的侵犯者"。[1] 所以早在 1899 年初，美国政府就已经排除了这一政策选择。国务卿海约翰在给《纽约太阳报》一位编辑的信中写道："最佳政策是积极保护我们的商业利益，同时不与其他有兴趣的强国形成正式联盟。"[2] 而美国在 1898 年 3 月、12 月，以及 1899 年 1 月三次拒绝与英国联合行动，也正反映了这种考虑。

第三种是走"大国协调"路线，在列强之间形成一个基本共识或非正式的协定来支持"门户开放"。比较而言，这是三种选择中操作难度最大的一种，似乎也最不保险。但这种"大国协调"路线如果成功，就可以最大限度地保证美国利用整个中国市场，这是其一。其二，当时列强在华矛盾日益尖锐，逐步形成以英日为一方，法俄为另一方的阵营，这种格局又与德法俄在欧洲的势力均衡不时互动，形成了一种非常微妙的平衡。这种"欧洲式"的权力政治结构有利于美国作为"第三方"充分施展手段，促成一种列强之间的基本协调。其三，当时列强对在东亚的竞争失控有一种普遍的担心，客观上也希望避免因瓜分中国而相互开战。而以某种"大国协调"的方式强调维护"门户开放"，

---

1 Paul A. Varg, "William Woodville Rockhill and the Open Door Notes," *The Journal of Modern History*, vol.24, no.4 (Dec. 1952), p.377.

2 William Roscoe Thayer, *The Life and Letters of John Hay*, vol.2, New York: Houghton Mifflin Company, 1915, p.241.

有助于掩盖甚至弱化矛盾，有可能被列强接受。1899 年 8 月 15 日，俄国沙皇发表敕令，宣布大连湾为自由港。同时一位据称与沙皇关系密切的俄国亲王在《北美评论》上发表文章，表示俄国愿意考虑保证"中国的独立和领土完整"。此事也给了美国政府进一步的信心。[1] 其四，这种做法的国内阻力也最小。当时美国国内因兼并菲律宾群岛问题已经出现了激烈的争论，前两种选择会遭到美国国内"反帝国主义派"或坚持孤立主义的保守派的攻击，而以大国协调的方式共同保证"门户开放"，则能得到美国国内"反帝国主义派"和"帝国主义派"的一致支持。这对 1900 年的总统大选非常有利。

最终，美国政府选择的正是第三种做法，这也是著名的"门户开放"照会的基本思路。

## "门户开放"照会

海约翰向来不喜欢仓促行动，在 1899 年春形势紧张时，他更加谨慎，以免贸然行动而被看成针对某个特定大国。到 1899 年夏天，列强瓜分中国的高潮似乎暂告一段落，特别是俄国沙皇类似"门户开放"的敕令也显示了某种机遇。在这种情况下，海约翰于 8 月 24 日要求国务院亚洲事

---

1　Paul A. Varg, "William Woodville Rockhill and the Open Door Notes," p.378.

务顾问柔克义准备一份备忘录,拟向列强提出"正式交涉",要求"最近(列强)扩张势力范围的行动不会导致我们在华的商业自由受限"。[1] 柔克义对此非常积极。此前,他就与中国海关的一名英国雇员贺璧理(Alfred Hippisley)多次讨论过这一问题,后者还曾建议美国牵头维护在华门户开放。[2] 柔克义的备忘录将贺璧理的主要观点基本都吸收了进来,从而形成第一次"门户开放"照会的文本基础。

## 第一次门户开放照会

在 8 月 28 日的备忘录中,柔克义一开始就引用了查尔斯·布雷斯福德关于英美联合维护"门户开放"的观点。但他马上指出,这种传统的"门户开放"政策由于否定"势力范围",在现实中已经难以为继。对美国来说,欧洲列强在华攫取的势力范围"必须作为既成事实接受下来",下一步的政策只能在这一条件下实施,而重点则落到"美国的商人阶层所要求的……在华贸易的健康扩展"。为了实现这一点,柔克义认为美国应立即开始与在华拥有势力范围的列强进行谈判,要求后者在三点上作出保证:(1)"所谓的利益范围"不得以任何形式干扰以往条约中规定开放

---

1 Thomas J. McCormick, *China Market*, p.114.

2 两人均对英国人查尔斯·贝雷斯福德(Charles Beresford)的《中国的崩溃》一书十分关注,而此书主要就是呼吁英美两国共同维护在华"门户开放",以免中国遭到瓜分后两国利益受损。

的"通商口岸"和外国的其他既有利益；（2）列强在各自
势力范围之内开放的港口或为自由港，或采取中国关税税
率，关税由中国政府收取；（3）在各自势力范围内，不得
对其他国家进出港口的船只征收比本国船只更高的费用，
也不得对其他国家经过其势力范围的货物运输征收比本国
更高的铁路费。[1]

可以看出，柔克义备忘录提出的是一个"弱化版"的
"门户开放"政策，不仅没有反对"势力范围"，而且连通
常强调的维护"中国主权和领土完整"这句空话都没有提。
即使在保证机会均等的三点要求中，备忘录也只关注一般
性的商业贸易，对当时列强之间竞争非常激烈的对华贷款、
在华修筑铁路和矿产开采权益则根本没有涉及。在这一备
忘录的基础上，海约翰于 9 月 6 日向英、德、俄发出了著
名的"门户开放"照会，稍后又将照会副本发给日本、法
国和意大利。与柔克义的备忘录相比，海约翰的正式照会
似乎将"门户开放"政策的弱化程度稍微回调了一些，比
如在对英国的照会中，其前言部分还是提到了"维护中国
的完整"，同时所有照会都在"势力范围"前加上了"所谓的"
这一限定词。需要指出的是，这是海约翰为了谈判所作的
一点技术性处理，也是为美国以后的政策微调留下一个小

---

1 William Appleman Williams (ed.), *The Shaping of American Diplomacy*, vol.1, pp.374–376.

窗口，与其对华立场没有任何关系。事实上，海约翰"门户开放"照会的一个重要特点就是完全将中国作为一个被动的角色，或者说只是一个列强竞争的场所而非一个国家。美国发出照会前后根本没有告之中国政府，直到中国政府询问后才予以回应，而且回应的要点实际上是要求："皇帝的政府不得与他国形成任何不利于美国贸易的安排。"[1]

照会发出后就是谈判。一开始，美国选择与英、德、俄三国同时谈判。在柔克义看来，英国传统上就主张"门户开放"，德国在华利益主要是金融而非贸易，与美国没有多少贸易竞争，而俄国沙皇8月份的敕令刚刚发表，所以这三个国家应该比较容易接受美国照会。他认为列强中最有可能持反对立场的是法国，[2]因而建议海约翰推迟发照会，以便先得到其盟国——俄国的赞成，而后再以此对其施加影响。但事实证明他的估算有误。英国此时的"门户开放"是一种两边下注的政策，既要占有势力范围，又要争取更多的地区向英国商品开放，因此对美国的照会不是很积极。英国抓住美国照会只提"势力范围"而未提"租界"

---

1　Thomas J. McCormick, *China Market*, p.145.

2　这一点很可能来源于他对法国殖民地政策的印象。1890年代末美国棉花出口商遭到的最严重的挫败就在法属殖民地。美国曾是非洲马达加斯加岛最大的棉花供应方，但1896年法国吞并该岛后，在第二年就实施了有利于法国商品的差别关税政策，结果美国对马达加斯加的棉花出口额一下子从1897年的43万美元下降到1899年的245美元，而法国的棉花出口额则大幅提高。See Charles S. Campbell Jr., "American Business Interests and the Open Door in China," *The Far Eastern Quarterly*, vol.1, no.1 (Nov., 1941), p.46, note 13.

这一纰漏，提出要将列强在华"租界"排除在外。然而美国最关心的各通商港口多数都在租界内，如果按英国的要求，美国的"门户开放"照会就完全失去意义。德国此时正推行所谓的"世界政策"，极力在英国和法俄同盟之间走一条"中间路线"，因此也不愿第一个答应美国的要求。俄国更是不希望被某种含糊的"原则"捆住手脚，而且认为沙皇 8 月的敕令已经表达了这层意思，用不着再行重复。这样，美国第一轮外交工作基本失败。

面对这一情况，海约翰在策略上进行了很大调整。他一改柔克义同时谈判的办法，转而采取"各个击破"，而第一个突破口正是柔克义所不重视的日本。他认为，日本在华势力比较单薄，在贸易方面的立场也与英美接近，容易被说动，第二个对象才是英国。结果日本对美国照会很快就作出积极回应，而与英国的谈判则比较麻烦。英国方面坚持租界例外，最后美国提出妥协：将租界区分为民用租界和军事用途租界，其中后者被排除在"门户开放"政策的适用范围之外。但海约翰也向英国提出附加条件，即英国不得将美国的这一让步向外界透露。最终英国于 12 月对美国照会给出了肯定的答复。

对于剩下的德、法、俄三国，海约翰也有一个精确的判断。他认为德国应是下一个争取的对象，因为德国的"中间路线"实际上也是一个"骑墙政策"，最终必然会倒向多数派一边。当得到英国和日本的赞同后，海约翰就有把握再一次对德国施加压力。很快,德国就非正式地宣布"德国在华政策事实上就是门户开放,德国建议在未来也保持这一原则",但对公开表态则始终犹豫。最后海约翰从德国人那里得到了一项保证,那就是"如果其他列强同意,德国就同意",而且允许美国将德国的这一立场告诉其他国家。[1]对于法俄两国,海约翰一直认为俄国才是实现在华门户开放最大的障碍,而说服法国的难度要小得多,所以他按先法国、后俄国的顺序进行谈判。在谈判中,法国一开始对照会的第三条有异议,但当得知其最主要的对手——德国已经基本同意后,法国内阁就不再提出其他建议,很快"实质上同意"美国照会提出的门户开放政策,不过对第三条"有一定保留"。

最后才是与俄国的谈判,也是最艰苦的谈判。在俄国人看来,美国照会几乎就是冲着俄国来的,因为当时俄国是列强中唯一已经在中国修筑铁路的国家,而且1896年中俄《御敌互相援助条约》(即《中俄密约》)和稍后的《合办东省铁路公司合同章程》规定,中东铁路的建造和经营管理等事项完全由华俄道胜银行管理。换言之,俄国可以自由地收取中东铁路运营费用,而"门户开放"照会第三条中关于铁路收费的要求恰恰夺走了这一好处。因此,对于美国照会的要求,俄国坚持拒绝。一位俄国官员还颇为

---

1 Thomas J. McCormick, *China Market*, pp.148–149.

理直气壮地说："既然是我们建造了铁路，那我想我们就可以给自己人民一些优惠。"[1] 对此，海约翰也是两手并用，一方面威胁说要让麦金莱总统在国会宣布其建议"除了俄国外"已被其他所有列强接受，另一方面又努力让俄国相信，与美国保持良好关系有利于其在中国获得更大利益。最终俄国表示基本同意美国照会，但对于照会的第三条却只字未提。这样的答复当然使美国感到不满意，柔克义就认为"俄国的答复是不完整的……按美国人的说法就是'上面还拽着一根线'"。但海约翰和柔克义都非常清楚，美国是利用了欧洲势力均衡和东亚格局之间的微妙互动才得以实现自己的目标，如果继续对俄国施压则可能破坏这种互动，一些欧洲列强会担心有损自己在欧洲势力均衡中的地位"而撤回原先的赞同立场"。[2] 这也从一个角度证明，美国在华推行"门户开放"的基础是欧洲列强之间的权力制衡。

美国最终也接受了俄国"不完整"的答复，条件是俄方同意美国宣布"俄国答复是肯定的"。这样，在 1900 年 3 月 20 日，国务卿海约翰就可以宣布列强对美国照会都作了"肯定的答复"。

---

1  Thomas J. McCormick, *China Market*, p.151.

2  Paul A. Varg, "William Woodville Rockhill and the Open Door Notes," p.379.

## 第二次门户开放照会

海约翰还没来得及评估一下照会的效果，中国的形势就发生了巨大变动。1900 年 5 月底，义和团运动进入高潮，开始大规模袭击在华外国人。6 月，清政府公开支持义和团并允许其进京。与此同时，西摩尔率领两千人的军队沿北京—塘沽铁路线向北京进攻，已经与义和团进入交战状态。到 6 月下旬，清军和义和团开始围攻北京的使馆区。从列强的角度来看，当务之急是派军队入侵北京以解使馆区之围，但其真正担心的是在华利益格局被彻底破坏。当时很多西方人怀疑清政府支持义和团围攻使馆是俄国的阴谋，以便扫除其他列强在华势力，独霸中国东北和华北。英国首相索尔兹伯里并不相信这种"俄国阴谋论"，但他非常担心俄国趁机对中国进行军事征服："在我看来，俄国而非中国才是当前最大的危险。"[1] 而在俄国决策层内部，如何侵略中国一直有两派意见。一派以财政大臣维特为代表，主张用财政、贸易、铁路修筑等手段对中国进行渗透，"和平"地攫取最大份额的在华利益，俄国外交部总体上也倾向这一派；另一派则以陆军大臣为代表，主张用军事手段强行占领中国领土并进行直接控制。可以说，19 世纪末，这两派意见一直在竞争，对沙皇的影响也互有消长。但在1900 年义和团运动高涨时，陆军明显占了上风，陆军大臣

---

1　William L. Langer, *The Diplomacy of Imperialism 1890–1902*, vol.2, p.695.

克鲁巴特金兴奋地说："我非常高兴。这给了我们一个借口来攫取满洲，我们要把满洲变成第二个布哈拉[1]。"他还直言不讳地告诉德国外交官：俄国对获得中国东北的兴趣远远大于对解围北京使馆区的兴趣。[2] 随着大量俄军占领东北并不断深入京津地区，俄国的军事征服开始变为现实。

在这种情况下，美国在华"门户开放"当然面临严重冲击。海约翰知道，他的"门户开放"照会精心构造了一种在华利益格局，不过这种成果建立在列强之间微妙的共识基础之上，实际非常脆弱。义和团运动的爆发和列强借机大量派兵完全可能将这一成果轻易摧毁。海约翰一开始想与英国联合起来对抗俄国的军事扩张，但他明白国内政治绝不会允许这么做，因而只能在给助理国务卿埃迪的信中发牢骚："要不是因为我们的国内政治，我们就可以，也应该与英国联合起来……但目前公众对英国的病态心理使这一点连想都不用想。"[3] 作为替代，海约翰只能先采取比较保险的"独立行动"，一方面向中国派出部队组成八国联军，另一方面又指示驻华公使康格和侵华美军指挥官"避免陷入其他国家的纠葛"，"独立采取保护美国利益的行动"。

---

1  布哈拉为古丝绸之路上的重要城市，在唐代被称为"捕喝"。从 1860 年代开始，布哈拉汗国被俄国军事征服并签订一系列不平等条约，完全沦为俄国的"保护国"。今属乌兹别克斯坦。

2  William L. Langer, *The Diplomacy of Imperialism 1890–1902*, vol.2, pp.695–696.

3  Bradford Perkins, *The Great Rapprochement*, p.216.

因此在其他列强联合要求中国大沽口守军投降时，美国并没有参与，也没有参加后来对大沽口炮台的联合炮击。[1] 不过，这种没有具体目标的"行动自由"并无实际意义，反而使美国进一步失去对其他列强的影响力。随着战场形势的变化，尤其是俄国军队不断深入中国境内，海约翰决心改变做法，趁着其他列强尚未在华攫取更多利益之前再度强调在华"门户开放"，以便在乱局中争取主动。

1900 年 7 月 3 日，当八国联军与中国军民在天津激战时，海约翰向各国发出了照会，声明美国政府将与列强合作并追求四个目标：一是打通与北京的联系并救出"处于危境中的"美国人；二是为在全中国的美国人的生命和财产提供"所有可能的保护"；三是保护美国的所有合法利益；四是防止混乱向中国别的省份蔓延以及"此种灾难的重演"。然后照会又着重指出："美国政府的政策是谋求一项解决办法，其应能给中国带来持久的安全与和平，保持中国领土和行政完整，保护条约和国际法赋予各友好国家的一切权利，并维护世界各国在中华帝国各地进行平等公平贸易的原则。"[2] 可以看出，所谓的第二次"门户开放"照会与前一次照会内容有了较大差别，其中最主要的就是增加了第一次照会刻意回避的"保持中国领土和行政完整"，

---

1 Thomas J. McCormick, *China Market*, pp.158–159.

2 William Appleman Williams (ed.), *The Shaping of American Diplomacy*, vol.1, p.380.

从而使美国的"门户开放"政策从原先的"弱化版"再度回到了"传统版"。另外，第一次照会所说的"门户开放"原则只适用于势力范围和租借地，而此次照会却将其扩展到全中国，从而进一步突显了美国的眼光和野心。

从技术细节上看，两次照会也存在区别。首先，第一次照会给各国的版本略有差异，而第二次照会则是同一版本的"群发"。其次，第一次照会要求列强回复，而第二次根本没有这样的要求。其原因是，海约翰本人对列强是否会同意美国立场并无信心，所以干脆就将第二次照会弄成纯粹的政策宣示。结果却出乎其所料，因为派兵侵略中国的列强各怀鬼胎，彼此之间也非常戒备，美国照会的适时出现正好给了他们一个自我表白的机会。在八国联军侵华过程中攫取利益最多、谋求占领中国东北的俄国此时就借势宣称，反对一切可能导致瓜分中国的行动。德国、法国等国也作了同样的声明。

第二次"门户开放"照会的意外成功并没让海约翰掉以轻心。事实上，在 1900 年下半年美国还将面对一系列难题。维持所谓在华"门户开放"和很多重大外交事件一样，宏伟的言辞背后是各种艰苦而琐碎的工作，退让与挫折时有发生，往往只有那些高度务实、坚韧，又能同时把握宏观趋势和细节的人才可能获得成功。用海约翰自己的话来说，美国在第二次"门户开放"照会后的政策就是一种"胆小的机会主义"，即尽力不在冲突中"选边站"，同时走一步看一步，就事论事，灵活应变。比较突出的例子就是 1900 年夏要求日本增兵一事。在八国联军侵华过程中，英国最担心的就是俄国借兵力优势大量攫取在华利益，为此迫切希望立场相近的日本向中国增兵，以便在八国联军内部形成某种"军力平衡"。美国对这一建议非常赞同，但为了不得罪俄国，海约翰又提出日本增兵一事需事先取得其他各国同意。俄国接到此项建议后，就向英国发出照会进行正式质问，英俄矛盾加剧。在这种情况下，海约翰极力推脱，甚至以"没有看到俄国照会的正式文本"为借口，始终拒绝在英俄之间表态，最终成功避过一场外交冲突。这样经过几个月的努力，海约翰在 1900 年下半年时可以在信中写道："看起来门户开放终于有一些机会了。"[1]

## 两次"门户开放"照会的简短评价

对美国两次"门户开放"照会的评价一直有很大差异。在当时，"门户开放"照会在美国国内获得高度评价，多数美国人相信，两次照会确实保证了美国在华商业利益和中国市场的"开放"。商界对政府的这一行动尤其拥护，"帝国主义派"和"反帝国主义派"这两大阵营也同时表示支持，这些都对麦金莱总统在 1900 年成功竞选连任起到了积极作用。一些美国报纸（如《纽约先驱报》等）则认为两次照

---

1 Thomas J. McCormick, *China Market*, p.175.

会向欧洲列强宣示了美国的立场，尤其是第二次门户开放照会更是"将所有列强结合在一个联盟之中"，体现出美国"在华事务上的领导地位"。[1] 而在以后，很多历史学家却对海约翰的这一行动评价甚低，认为两次照会没有任何实质性的结果，所以仅仅是美国政府的一次无效表态。

如果仅从维护在华"门户开放"的效果来看，美国的两次照会确实作用非常有限。照会本身对"门户开放"政策的表述就是含糊不清的，用一位海约翰传记作者的话来说，如果想弄清照会到底"承认、得到，甚至提到了什么样的新权利"，那就"需要不止一个律师"。[2] 起草第一次照会文本的柔克义本人也没有把此事看得很重。他在给海约翰的信中写道，他的备忘录只是"（与列强）谈判以寻求某种在华'妥协'（他用拉丁文 modus vivendi）的要点"。[3] 而在现实中，两次"门户开放"照会没能阻止列强，特别是俄国对中国的进一步瓜分，列强对照会的积极反应更多的是一种外交姿态。海约翰本人非常清楚这一点。就在俄国对"门户开放"照会作出积极反应后，他表面上很高兴，私下却称俄国的保证"和一个赌徒的发誓一样不可靠"。[4]

1　Thomas J. McCormick, *China Market*, p.160.

2　Tyler Dennett, *John Hay: From Poetry to Politics*, New York: Dodd, Mead & Company, 1934, p.295.

3　Paul A. Varg, "William Woodville Rockhill and the Open Door Notes," p.380.

4　Tyler Dennett, *John Hay: From Poetry to Politics*, p.317.

更有意思的是，照会甚至不能代表美国政府自身的"门户开放"政策。从 1900 年以后的情况看，美国在"门户开放"政策的解释和实施问题上不断摇摆，经常会出现自相矛盾的状态。[1]甚至就在第二次"门户开放"照会发出几个月后，美国政府居然提出租借福建省三沙湾作为海军基地，结果清政府援引美国"门户开放"照会加以拒绝。

　　但是，如果跳出两次照会的具体时间和地域限制，将其放入美国 1890 年以后海外扩张的整个进程，那么"门户开放"照会的意义就有另外一种解读。在 19 世纪末的十年中，美国奉行了一种以贸易扩张为主的海外扩张道路，以便摆脱国内的经济和社会压力。在外交、商贸、关税等各方面政策的支撑下，这种形式的海外扩张使美国将巨大的产能过剩从一个严重问题转化为一种国家优势，并且以很高的效费比建立起一个不同于以往的新型帝国。但是，美国这种扩张形式一直存在摇摆和反复，尤其是吞并菲律宾被认为是对"贸易扩张"道路的一次较大偏离，可能重走欧洲列强的殖民帝国老路，从而引发了美国国内的一场大争论。"门户开放"照会发出的时间正值这场争论的高峰，其涉及对象又恰好是预期中最大的海外市场——中国。在这种情况下，"门户开放"照会自然也成为这场"路线之争"

---

1　美国"门户开放"政策的实际演变可以参见 Raymond A. Esthus, "The Changing Concept of the Open Door, 1899–1910," *The Mississippi Valley Historical Review*, vol.46, no.3 (Dec. 1959), pp.435–454。

的一部分，其所宣扬的"保全中国""机会均等"理念实际就从一个侧面为争论定调，再度明确了美国以贸易扩张为主的海外扩张道路。而围绕"门户开放"照会的报道、讨论和评价则相当于在美国国内进行了一次社会动员，并成功地在扩张道路问题上重新凝聚起共识，两次照会获得"帝国主义派"和"反帝国主义派"的一致支持就是很好的证明。因此，两次"门户开放"照会的真正意义体现在美国国内，是一种对海外扩张方法论的再度明确，并由此确定了"美式帝国"的基本形态。

## 美式帝国的定型

时间巧合往往使历史带有某种戏剧性色彩。从 1890 年美国人口普查局宣布"边疆关闭"到 1900 年第二次"门户开放"照会恰好是整整十年。这一阶段以"关闭"一词为开头，意味着一个旧时代的结束；以"开放"一词作结尾，正值新世纪的开始。

从外在表现来看，美国在十年内从一个地域性大国基本转变为一个世界性帝国。这种转变除了具体政策的调整外，更深层的是理念的转型：

——攫取大量领土并加以直接控制被视为不必要的、高成本的行为。在当时的美国人看来，这种成本既体现在为管理殖民地而付出的财政和军事成本，也体现为政治成本：在国际政治方面是增加与其他大国冲突的可能，在国内政治领域则是损害民主制度和联邦制度的风险。

——强调获得战略要点和建立强大的海军，以便为海外贸易扩张提供保护并实现对遥远地区的影响。尤其需要指出的是，美国在这十年内基本完成了大陆国家向海洋国家的转型，其中体现得最明显的并不是海军实力的增加，而是海军运用理念的变化。在这十年的前半期，美国在这方面秉持的还是一种典型的大陆国家理念，即将海军看成是陆地防御向海洋方向的延伸，激进一点的还强调划分海上"势力范围"，比如曾任众议院海军事务委员会主席的弗雷德·塔尔博特（J. Fred Talbott）就声称"美国舰队应该主宰大西洋西部和太平洋东部"。[1] 到这十年的后半期，这种典型大陆国家的论调明显减少，取而代之的是一种"由海看陆"的海洋型国家视角：海军的作用是控制海洋这一"人们借以通向四面八方的大道"，使商品、人和国家的影响力到达世界各地，而占有"战略要点"则是为海军的这种"自由进入"提供必要支撑。换言之，并不是海洋为陆地提供保障，而是陆地为海洋提供保障。

——强调机会均等的贸易竞争。这是建立在实力和信心之上的一种理念，即由于美国的生产能力已经占有优势，那么越是机会均等，美国的优势就越能得到最好的发挥。

---

1　Walter LaFeber, *The New Empire*, p.236.

在这十年中，美国调整保护性关税政策，宣扬在华"门户开放"均体现了这一点。

由此产生了一个新型的帝国。到 1900 年，这一帝国自身的基础性特征已经完全具备，未来的发展道路和方向也已确立。首先，从基本形态上看，"美式帝国"与历史上荷兰、英国这两个海洋型帝国有较多共同点，比如其基础是主导性经济技术领域的领先地位，而不是单纯的经济规模和军事优势，并且这种领先地位是在一种开放的体系中实现和维持的。其次，与荷兰和英帝国一样，美国作为一个帝国的扩张与维系在很大程度上也高度依赖制度性安排，以此来节约帝国的成本并有效发挥自身优势。美国对泛美体系的推动，对"门户开放"政策的承袭与主导，都是这方面的典型例子。所以说美国的帝国形态从一开始就自在地包含了"制度性霸权"的因子。再次，美式帝国同样离不开对海洋的控制，正是太平洋上夏威夷群岛、威克岛、关岛、萨摩亚群岛等"战略要点"的获得和美国海军的发展，形成了支撑整个帝国的"骨架"，美国才有资格在列强争衡的世界上占有一席之地。但是，与以往海洋型帝国不同的是，美国更加彻底地摆脱了对领土扩张的依赖。英国在历史上也曾反对过多占有海外领土，到 1815 年拿破仑战争结束时还将自己的帝国看成一个由港口、岛屿和沿海地区构成的集合体，海军和商船则是将各部分汇集在一起的纽带。但 1800 年到 1900 年间，英帝国陆地面积却足足增加了七倍，统治的人口增加了二十倍，成为一个拥有广大殖民地的、陆地化的帝国，从而使英帝国陷入了历史上帝国"过度扩张"的陷阱，也加速了帝国的衰落。[1] 而 1900 年的美国则严格地对攫取海外领土进行自我限制，就在当年的总统大选中，一度大力推动兼并海外领土的麦金莱和西奥多·罗斯福都公开承诺不再进一步攫取海外领土，强调美国将继续致力于海外扩张，但只是贸易和影响力的扩张。[2] 同时，美国对美西战争后的海外领土兼并也改变了看法，更多地将其作为贸易扩张的一部分："最近获得的领土只是我们未来贸易的前哨站，它们的重要性主要并不在于自身的资源和能力，而是在于它们作为发展远东贸易的交往门户的无可争议的价值。"[3] 这种特点的要义在于，美国作为一个帝国主要不是以有形的土地，而是以无形的贸易或者影响力作为疆域，因而也具有了无远不至、无孔不入的潜能。

当然，过于强调这种相对无形的扩张模式，可能会掩盖美式帝国的另一个重要特征，即它本身是一个洲际规模的大国，拥有惊人的自然资源和雄厚的技术经济力量。在

---

1  T.O. Lloyd, *The British Empire 1558–1983*, New York: Oxford University Press, 1984, p.138.

2  Ernest R. May, *American Imperialism*, pp.216–218.

3  Thomas J. McCormick, "Insular Imperialism and the Open Door: The China Market and the Spanish–American War," p.161.

19 世纪末美国国内大力推动海外贸易时，不少人有意无意地忽略了一个事实，那就是海外市场在高峰时期也只消费了美国产出的 10%，即使时至今日，国内市场对美国来说依然是第一位的。这种自给自足的能力对美国的世界帝国道路永远有着双重的影响：（1）在扩建和维系一个帝国的能力方面，美国远远超过了历史上荷兰、英国等纯粹的海洋型帝国。第二次世界大战时美国动员起空前的力量投入欧洲和太平洋战场、冷战时对苏联进行全面遏制，都充分显示了这一点。（2）在维系一个世界帝国的意愿方面，美国则相对不稳定。以英美两国相比较，失去帝国的英国只能是一个普通的中等国家，而美国即使不再是一个世界性帝国，其在国际格局中的地位依然数一数二。这是孤立主义在美国长期盛行的一个重要原因，美国的对外政策经常需要某种社会动员来克服这种深层的传统。另外，这也使美式帝国在诸如"原则""规则"等方面往往比英帝国更加务实，当然也更加功利，在改变规则、进行"战线收缩"甚或局部地放弃帝国时，其心理负担比英国要小得多。

就在帝国定型后大约半个世纪，美国以二次大战胜利者的身份登上了世界霸权国的位子，美式帝国也成为真正意义上的全球性帝国。作为霸权国，美国建立起了世界最强大的军事机器，海外扩张和施加影响的主要途径也从贸易转向金融、文化等更加隐蔽，也更具渗透力的力量。但是，帝国基础性的特征和内在逻辑都还是 19 世纪最后十年中确定下来的。作为美式帝国的"定型期",这十年将始终是解读美国霸权最关键的一个历史阶段。

结束语

# 超大国家的崛起与扩张

从历史中寻找启示与历史研究是两回事。对美国这种比较特殊的国家，要从其历史中寻求某种有普遍性的，甚至是有借鉴意义的东西，则尤需谨慎。托克维尔就曾提醒道："美国人的际遇完全是一个例外，我相信今后不会再有一个民主的民族能逢这样的际遇。"[1] 不过，如果从历史哲学的角度来审视美国 1890—1900 年的经历，那么其特殊性就不在于美国具体的地理、经济和文化条件，而在于这是一个极为少见的超大国家崛起和扩张的案例。这里所谓超大国家（Superstate）的概念，是相对于近代历史上英、法、

---

1　［法］托克维尔：《论美国的民主》下册，董果良译，北京：商务印书馆，1996 年，第 554 页。

德等传统欧洲列强而言的，其基本含义就是在幅员规模上成倍于一般意义的中等强国。正是由于其规模，这类国家的崛起和扩张对外界产生的影响极大，可能引发的反弹也极大，此其一；其二，国内进程有可能在相当程度上影响到国际进程，换言之，这类国家拥有通过改变自己而改变世界的潜能；其三，与既有国际制度的相容程度是此类国家崛起过程中的关键变量。从这些要点出发总结 1890—1900 年美国的崛起与扩张，也许能够得出一些具有相对规律性的东西。

## 扩张的内化

德国 19 世纪最为著名的历史学家兰克（Leopold von Ranke）曾提出"对外政策优先"（Primat der Aussenpolitik）的概念，他认为，成功的对外政策可以使一个国家独立于其他国家的干预，发展和完善自己的民族特性和宪法体系等，因而对国家来说处于首要地位。[1] 无论其他国家的情况是否符合这种假设，对 19 世纪末的美国来说，该理论显然不太适用，甚至可以说是恰恰相反的。

对于美国这样一个拥有广袤内陆、经济上可以自给自

---

1　Friedrich Meinecke, *Zur Theorie und Philosophie der Geschichte*, Stuttgart: K.F. Köhler Verlag, 1959, pp.258–259.

足的超大国家来说，内部因素往往比外部力量更能影响国家的对外行为。从1890—1900年美国的崛起与扩张来看，其中起关键作用的就一直是国内社会和政治进程，而不是某种外部的刺激或对外政策本身的突然转向。实际上，从美国思想界探讨如何摆脱"边疆关闭"带来的危机和问题，到政府、商界和思想界基本形成推动海外贸易扩张的共识，这一重要步骤完全是在国内政治进程中完成的。在1890—1900年间的海外扩张中，这种国内共识起到了定调子和定方向的功能，为具体的扩张行动提供了关键的认知基础，促进了政府在关税、外交、军事等各领域的政策协调。当政府的一些做法出现"偏离"时，这种共识也成为反对派的主要依据，发挥重要的"纠偏"作用。这一点最明显的表现就是美国吞并整个菲律宾群岛后，引发国内强烈反弹并形成了"帝国主义派"和"反帝国主义派"的大争论，而后者的主要论点基本都来自1890年代初期美国国内对海外扩张途径的共同认识。另外，美国这十年的海外扩张并不是一种政府行为，而是整个社会在直接或间接地涉足扩张，其中商人和传教士是在拉美、东亚和夏威夷扩张的真正主力，政府不过是及时适应这种情况并提供支持。从整个海外扩张过程来看，美国社会实际上是通过不断地自我动员来促使自己"向外看"，从而使整个国家的机构设置、政策制定和社会理念等方面越来越适应海外扩张的需要。简短地说，美国就是将海外扩张的行为"内化"到国内政治进程和社会生活中，通过改变自身来改变对外行为的方式。

这种"内化"还体现在，国内政治往往是左右外部扩张进程的主导性因素。1890—1900 年间，美国海外贸易扩张一直颇为顺利，但在涉及兼并少量海外领土的"要点式扩张"中，起迟滞作用的往往不是外部力量，而是来自国内的反对。以夏威夷为例，1893 年夏威夷政变后，美国兼并该群岛的两次努力都由于国会反对力量的阻止而失败，直到美西战争后才获得成功。从这一角度来看，美西战争对美国扩张的最大贡献并不在于从西班牙手中夺得一些领土，而在于在国内形成了一种对海外扩张极为有利的氛围。在这种普遍情绪的推动下，美国国会中主张扩张的激进派得以压倒反对派，如愿以偿地吞并夏威夷、关岛等太平洋地区的战略要点。相形之下，战后美国之所以未能正式吞并古巴，其重要障碍就是来自宣战前美国国会通过的"泰勒修正案"。从 1890—1900 年的整个时期来看，除萨摩亚群岛以外（英国与德国是主要因素），其他所有海外领土的兼并均取决于美国国内的政治进程。也正因如此，对西奥多·罗斯福、亨利·卡伯特·洛奇等热衷于海外扩张的人来说，其主要精力或主要工作就是如何说服国内，而不是去制定某项对外扩张政策。

即使是在诸如海军等与扩张相关的领域，国内进程也起到了很大作用。1890—1900 年是美国海军实力迅速发展的时期，也是美国从一个大陆国家向海洋国家的转型期。这一过程并不是因为受到某种外部的威胁或者挑战，而是源于国家整体实力发展带来的一种自然需求，是利益驱动和理论牵引（主要是马汉的海权理论）的综合过程。比较有意思的是，这一阶段影响美国海军发展最关键的因素并不是经费，也不是技术，而是理念问题。1895年左右，美国海军建设的思路逐步摆脱传统的影响，开始将海军作为"自由到达""全球到达"的工具，而不是将其作为大陆军事体系向海洋方向的延伸。这一理念的变化在很大程度上是马汉等人思想传播的结果，决定了此后美国海军的发展方向，并进一步强化了贸易扩张和"要点式扩张"的海外扩张模式。同样，美国关税调整也主要是国内政治斗争的产物，当时以民主党人为主的低关税派和以共和党人为主的保护关税派（互惠贸易派）相互较量，先后推出了"麦金莱法""威尔逊－戈尔曼法""丁格雷法"三大关税法，对这一时期美国海外扩张产生了重大影响，其中就包括在夏威夷、古巴引发叛乱与革命。

　　对于由海外扩张产生的各种压力，美国的多数反应也并非直接来自政府。从1890—1900年的情况来看，这些外部压力和刺激往往通过某种机理首先作用于国内政治进程，然后才在政府的政策中得到体现。比如吞并菲律宾以后，由于美军与菲律宾起义军开战并引发一场残酷而持久的战争，各种消息传到美国国内后首先使社会舆论意识到了兼并的代价，自由派人士则对美军的一些暴行表示震惊，这种传导作用沿着社会—国会—政府的路径发挥影响，迫使麦金莱等主要政府决策人改变立场，明确放弃了再度兼并海外领土的意图，将海外扩张的重点重新放到贸易和影响力扩张上。在中国的情况也有点类似，1897 年德、俄等国强占中国胶州湾和旅顺口后，驻华公使田贝是向美国政府提出警报的重要人物，但与此同时，在华有重大商业利益的棉花生产商和纽约、费城等地的商会也行动起来，纷纷通过决议并向政府和国会请愿，从而使这种外部的刺激与压力迅速地得到传递，迫使政府尽快采取应对措施。可以说，在每一次重大事件前后，美国各界（尤其是商界和宗教界）都会以决议、公开文章或请愿等方式向政府施加压力和影响，而国会则借此推动一些提案，要求政府行动。这几乎成为美国应对外部刺激的一个标准程序。

但这就牵涉到另一个重大问题：如何处理各利益集团之间的分歧。一般而言，海外扩张是一个权力与财富快速增长的过程，同时也是一个重新分配的过程。如果像美国那样选择依托海洋和贸易的扩张方式，那么其中就还涉及权力与财富的迅速分散化，这对任何形式的直接控制都是一个极大的，甚至是颠覆性的挑战。历史上像俄国这样的传统帝国更愿意致力于领土扩张而不是海洋扩张，其中既有生产力水平、文化传统等方面的原因，又存在着一个制度匹配问题。就美国的情况来看，相对成熟的代议制度在这方面显示出较大优势，可以将分散化的，甚至是相互冲突的利益诉求纳入统一的国内政治程序，实现比较有效的协调和妥协。这样，美国就很好地避免了"一战"前德意志帝国那种"卡特尔化"（Cartelization）现象，即各大利益集团处于势均力敌的状态，结果迫使政府同时追求不同的利益和战略目标。[1]在成熟的代议制基础上，美国国内政治结构的变化也对海外扩张发挥了非常重要的影响。政府与国会的权力天平逐步向政府方向倾斜，这与两大部门的权力斗争有关，同时也是美国文官制度改革的必然结果。正如马克斯·韦伯所观察到的那样，文官制度改革不仅仅是增加专业化行政官员的数量，同时也进一步强化了政府的权力。[2]随着政府的专业化，政府与国会的关系越来越像企业中董事会和总经理的关系：公司业务的专业程度越高，董事会在具体问题上的发言权就越少，决策权就越是集中到总经理手中。可以说，如果没有这种政府的专业化和权力集中，美国将难以应对由海外扩张带来的迅速膨胀的各类事务，更不可能制定并执行有效统筹全局的政策。所以，美国1890—1900年的海外扩张尽管以自身改变为基础，是一种扩张内化的过程，但这种改变也是有条件的，与美国自身的社会结构和政治制度有很大关系。

---

1　Jack Snyder, *Myths of Empire: Domestic Politics and International Ambition*, Ithaca: Cornell University Press, 1991, pp.43-46.

2　［德］马克斯·韦伯：《经济与社会》，第 754、776 页。

## 扩张的"成本敏感度"

收益－成本曲线同样可以描述一个国家的崛起与扩张。其中，成本一项不仅是国家为扩大实力与权力而进行的广义投入，也包括由此引发的其他国家的反弹。与一般意义上的强国相比，超大国家的规模决定了其崛起与扩张更容易引发其他国家的疑惧，相关成本更大，也更难控制。这客观上就要求超大国家对扩张成本更为敏感，以便及时进行政策调整，消除或控制相关成本，从而更有效地发挥其在经济、政治和安全上的规模效应。1890—1900 年的美国就是这样一个对扩张成本高度敏感的超大国家。

这种敏感度首先体现在扩张途径的选择上。美国在1890—1900 年海外扩张的主要形式是贸易扩张，而不是像欧洲列强那样抢占更多的海外殖民地。其主要考虑就是后者的成本太高：在政治上，加入众多其他种族和文化背景的群体可能破坏美国开国元勋们精心构筑的民主制度；在经济上，殖民地的管理需要大量的财政投入，也会牵扯大量行政资源；在安全上，大片的殖民地必须由军队提供保卫，而且容易引发与其他国家的摩擦。而美国所追求的市场、原材料等商业利益完全可以在不承担这些成本的情况下获得。所以，美国对海外领土总体上抱着一种实用主义的态度，只要美国商人、商品可以在机会均等的条件下自由进入就行，有点类似"不求所有，但求所用"。

在政策层面也是如此。19世纪欧洲列强的外交文件经常提及"威望"（prestige）一词，而且"威望"和"利益"一样，都属于国家政策应追求的重大目标，也是引发一些战争的重要原因。相形之下，美国的外交文件却很少提到这个词，实践中更不可能为某种抽象的"国家威望"而努力。从1890—1900年美国的外交经历来看，美国政府的所作所为基本上都围绕着实际利益而进行，更确切地说是直接为增加财富服务。这一点在与当时欧洲国家的横向比较中非常突出，历史学家埃米莉·罗森伯格干脆用"推销型国家"来形容美国。这种看上去有点极端的做法为美国带来了两个明显的好处：一是避免了国家力量的无谓消耗，二是避免陷入不必要的争端。如果体现在成本—收益这个算式上，就是成本这一项明显低于欧洲列强，而收益一项则是在持续地增加。这种此消彼长形成的累积效应进一步加速了美国作为世界性大国的崛起。美国对扩张的"成本敏感度"还体现在一些更加具体的层面。比如在海上力量的建设上，马汉一开始所设想的美国海上力量是由海军、海外基地和商船队三个部分组成。在1890年《海权对历史的影响》一书中，他曾将建设一支强大的商船队伍放在十分重要的位置："只有从和平时期的商业和航运中才能够自然而健康地成长出一支海军舰队，以此为基础一支海军舰队才可以安全存在。"[1] 但事实上美国在商船建设上投入非常有限，在 1850 年美国商船还承运了 70% 的对外贸易，到 1897 年时就只承运进口贸易的 15%，出口贸易的 8.1%，对外贸易运输绝大部分由外国商船承担。[2] 美国人认为，由自己建造并保持一支庞大的商船队伍成本过高，完全可以租用其他国家的商船运输，而将省下来的资本投到回报高得多的工业生产领域和海军建设，从而更有效地实现对海洋的控制。马汉后来重新修正了自己的理论。[3] 这也从一个侧面反映出美国在扩张过程中的成本控制倾向。

"成本敏感度"还体现在美国对其他列强的谨慎态度上。表面上看，美国 1890—1900 年的海外扩张是一个高歌猛进的过程，其他列强基本无力阻挡，1895 年克利夫兰总统在委内瑞拉危机中的强硬咨文和 1898 年的美西战争更是强化了这种印象。在国会讲演、公开文章中，美国的政客们也喜欢使用一些高调的甚至是非常刺激性的语言，对欧洲列强特别是英国显示强硬立场。但在这种"豪迈"背后，则是精细的利益判断和灵活务实的立场。美国在 1890—1900 年间，对欧洲列强特别是英、俄、德这三个实力最强的国家，还是比较谨慎的。在拉美和加勒比地区，美国一方面对英、德的活动高度关注并不时发出警告，另一方面

---

1   A. T. Mahan, *The Influence of Sea Power upon History 1660–1783*, p.28.

2   Walter LaFeber, *The New Empire*, p.19.

3   A. T. Mahan, "The United States Looking Outward," pp.71–72.

又小心地控制局势，尽量避免因此与这两个国家发生直接对抗，尤其避免出现武力对峙。即使在英美直接对抗的委内瑞拉边界危机中，美国也有意无意地将对抗限制在外交领域，双方总体上进行了一场"文斗"。而且，这场危机也充分反映出，美国的政界和整个国内社会表面上对英强硬，实际却将与英国的冲突看得很严重，避免两国开战不仅是政府的底线，也是社会心理的底线。危机在1895年底的戏剧性转折，很大程度上就体现出美国这种谨慎务实的真实立场。值得注意的是，美国政坛高调反英的主将们，如参议员洛奇、国务卿奥尔尼和西奥多·罗斯福等人在很多问题上又是英美联合的支持者，这也说明，美国对英国的强硬是有条件的，也是慎重的。

在东亚和中国，美国对列强的这种谨慎态度就更加明显。美国虽然在总体立场上与英国更加接近，同时也清楚俄国对"门户开放"的威胁最大，但仍力避在英俄之间"选边"。美国的两次"门户开放"照会（尤其是第一次照会）实质上是一次小心翼翼的大国协调行动，是精心利用列强间的势力均衡而走的一条中间路线。在第一次照会期间，美国对俄国"不完整"的答复也故意表示满意，而在第二次照会后，美国又奉行一种"胆小的机会主义"（国务卿海约翰语），即尽力不在列强冲突中"选边"，其核心内容则是不得罪俄国。当英日两国与俄国因向中国增兵一事关系紧张时，美国极力避免表态，甚至以"没有看到俄国照会的正式文本"为由进行推脱，[1]最终成功保持了与各大国之间脆弱的协调。

总体上看，美国在 1890—1900 年间的海外扩张中，较高的成本敏感度和良好的成本控制是非常突出的特点，也是美国的崛起没有遭遇安全困境的一个重要原因。这应该有一定的普遍意义和借鉴意义。

## 战略取向

和其他大国崛起一样，超大国家的崛起与扩张是一个与外界不断互动的过程，其中与既有国际制度之间的互动最为关键。如果这两者之间总体是一种相容状态，即超大国家接受既有国际制度，那么其规模和影响力将对后者产生强大的支撑，而其崛起带来的权力和利益结构的变化也会遵循某种共同的预期来进行，制度化安排将限制甚至吸收由此造成的动荡和冲击。反之，如果两者相容程度较差，超大国家的利益诉求基本不能在既有制度安排内得到实现，那么它崛起与扩张的最终方向必然要求改变甚至推翻后者，其巨大的规模与势能则使其成为后者最致命的挑战。在这种情况下，超大国家往往会面临强大的外部反弹和压力，不得不选择一种"强行突围"，甚至是全面对抗的方

---

1    Thomas J. McCormick, *China Market*, p.175.

式来实现崛起。苏联应该是这方面的典型例子。

因此，对超大国家而言，战略取向的首要问题就是与既有国际制度的关系，或者说是制度取向。1890—1900 年美国的海外扩张就体现了一种与既有国际制度完全相容的战略取向。在 19 世纪后半期，国际制度是以英国的贸易和政治理念为核心，强调为世界范围内商品和资本的自由出入提供支撑，属于一种自由主义的、比较开放式的制度体系。美国在这一阶段的扩张则同样强调商品的自由出入，其海外势力范围总体上是一种开放体系而非排他性的封闭体系，这些在两次"门户开放"照会中都得到了较好体现。当然，其中也存在一些"伪善"成分。比如美国在攫取菲律宾后，马上强调将在菲律宾实行各国"机会均等"的"门户开放"，然而到 1909 年，美国的关税法却完全抛弃了这一承诺，对其他国家在菲贸易实行歧视性政策。[1]但整体上看，美国的海外扩张还是坚持了这一自由主义的开放体系原则，与当时的国际制度是相吻合的。这与一些欧洲大陆国家，特别是法国构成了鲜明对比，后者的殖民地均用歧视性关税保护起来，形成了一个封闭的殖民帝国。

另外，美国的海外扩张很大程度上也属于内涵式扩张，即立足于自身技术和生产能力的提升，然后再以此为基础

---

1　William Smith Culbertson, "The 'Open Door' and Colonial Policy," *The American Economic Review*, vol.9, no.1 (Mar. 1919), pp.333–334.

推动商品贸易的大规模扩张和海外战略要地的占领。强化技术和生产优势在这一过程中始终居于一个逻辑起点的地位，是扩张的第一推动力。对于这类扩张，当时的国际制度不仅容纳，而且某种意义上甚至是"鼓励"，因为这套国际制度就是由历史上占技术生产主导优势的国家（主要是英、荷）所设计的，自然有利于此类国家的利益和权力扩展。而且，与这种内涵式扩张相联系的，往往是竞争力位次、占有市场百分比等相对的、开放的衡量标准，而不是胜者通吃或任何形式的排他性占领。因此，相对于类似"摊饼"的外延式扩张，这种内涵式扩张往往给竞争对手以反败为胜的希望（虽然通常是虚幻的），同时也为其留下了相对更多的选择空间，使得其他感受到"威胁"的国家缺乏足够的动力来进行联合反制，进而降低了冲突的可能。这在某种程度上也可以看成超大国家扩张过程中制度相容性的一种体现。

制度取向的相容性还体现在美国自身的制度偏好上。可能是因为承袭了英国的政治文化传统，美国在海外扩张过程中也十分注重运用制度设计和制度化安排来争取和巩固自身的权力和利益。即使在对拉美这一"后院"的争夺中，美国在 1890—1900 年间也较少使用直接的武力干涉或建立直接控制式的霸权，而是更偏好于确立某种地区性的制度安排来实现并巩固自己在西半球的主导地位。国务卿布莱恩所力推的"泛美体系"就是其中一个典型例子。美国这种还处于萌芽状态的"制度性霸权"与英国式的霸权有着直接的渊源关系，在思想根源上相同，在具体内容上相近，在价值取向和利益取向上相一致，从而使美国的崛起与扩张总体上成为当时国际制度体系的一个有利因素。

再看一下地缘战略取向。这是美国1890—1900年间海外扩张中一个非常重要的因素，但美国外交文件和政治家的私人信件基本都没有谈及这一点，正如英国外交文件和政治家极少谈及"势力均衡"一样。从地缘上看，美国海外扩张的方向选择是非常清晰的，主要是向南和向西，其中前者指向拉美和加勒比海地区，后者指向太平洋和东亚。在这两个战略方向，英国和其他欧洲列强虽然也有利益存在，甚至有一些军事基地，但远非其核心利益区。美国选择这两个方向进行重点扩张，不仅有利于发挥其地缘优势，而且阻力较小，不易和欧洲列强特别是英国发生正面碰撞。尤其在太平洋方向，英国等列强的利益和力量都比较薄弱，因此美国涉及海外领土的"要点式扩张"主要集中在此，而且是以一种比较张扬的姿态来进行的，整个扩张进程基本上都按照国内政治的步骤来进行。相形之下，美国在大西洋方向则十分谨慎。除了努力将商品打入欧洲市场外，美国力避造成任何向这一方向扩张的印象，甚至对于非洲也是如此。事实上，到19世纪末，非洲是美国发展最快的两个海外市场之一（另一个是中国），但由于欧洲列强在此利益过重，美国商界和政府就有意无意地将其忽略，根本没有将其作为一个扩张的选项。[1]这种态势差异同样体现在军事方面。1890—1900 年是美国海军发展的重要阶段，但在不同战略方向的部署和运用上则有很大区别。在太平洋地区，美国无疑将其作为一个可以放手进攻的方向，"几乎可以用上我们全部的舰队"。[2]但对于大西洋方向，美国的海军则始终保持一种防御态势，确保不挑战英国皇家海军在这一海域的控制权。这种类似"西攻东守"的地缘战略取向虽然不见诸美国的政府档案，但在美国的政策实践中则体现得非常充分，是其顺利实现海外扩张而未引起多少反弹的一个重要原因。

当然，相对于浩瀚的现实来说，上述简短的分析仅仅是窥豹一斑，反过来，从 1890—1900 年这一小段历史推导出太多结论也会引起过度解读之嫌。正如美国的"例外论"一直经久不衰一样，实际上每个超大国家在一定程度上都可以说是一种例外。但是，像制度、成本和战略等反复出现的、具有某种规律性的要素，可能永远值得人们思考，没有止境地思考。

1　Charles S. Campbell Jr., *Special Business Interests and the Open Door Policy*, p.11.

2　Walter LaFeber, *The New Empire*, p.295.

# 主要参考书目

**中文书目：**

丁则民主编：《美国内战与镀金时代 1861—19 世纪末》，北京：人民出版社，1990 年。

**英文书目：**

BEAR G W, *One Hundred Years of Sea Power: The U.S. Navy, 1890-1990*, Stanford, CA: Stanford University Press, 1993;

BEISNER R, *From the Old Diplomacy to the New, 1865-1900*, Arlington Heights, Ill.: Harlan Davidson, 1986;

BEMIS S F, *The Latin American Policy of the United States: A Historical Interpretation*, New York: Harcourt, Brace and World, 1943;

BILLINGTON R A (ed.), *The Frontier Thesis: Valid Interpretation of American History?* New York: Rinehart and Winston, 1966;

BROCE R, *1877: Years of Violence*, Indianapolis: Bobbs-Merrill, 1959;

CAMPBELL A E, *Great Britain and the United States, 1895-1903*, London:

Greenwood Press, 1974;

CAMPBELL C S Jr., *Special Business Interests and the Open Door Policy*, New Haven: Yale University Press, 1951;

CAMPBELL C S, *Anglo-American Understanding, 1898-1903*, Baltimore: Johns Hopkins Press, 1957;

CAMPELL C S, *The Transformation of American Foreign Relations: 1865-1900*, New York: Harper & Row, Publishers, 1976;

COHEN W I (ed.), *The Cambridge History of American Foreign Relations*, vol.2, Cambridge: Cambridge University Press, 1993;

COOLING B F, *Grey Steel and Blue Water Navy: The Formative Years of America's Military-industrial Complex, 1881-1917*, Hamden, Connecticut: Archon Books, 1979;

DENNETT T, *John Hay: From Poetry to Politics*, New York: Dodd, Mead & Company, 1934;

FRIEDMAN A L, *The Weary Titan: Britain and the Experience of Relative Decline, 1895-1905*, Princeton, N.J.: Princeton University Press, 1988;

GOULD L L, *The Spanish-American War and President McKinley*, Kansas: University Press of Kansas, 1982;

GOULD L L, *The Presidency of William McKinley*, Kansas: Regents Press of Kansas, 1980;

GRENVILLE J A S, YOUNG G B, *Politics, Strategy and American Diplomacy: Studies in Foreign Policy, 1873-1917*, New Haven and London: Yale University Press, 1966;

HIGHAM J, *Strangers in the Land: Patterns of American Nativism, 1860-1925*, New Jersey: New Brunswick, 1955;

HOFSTADTER R, *The Paranoid Style in American Politics and Other Essays*, New York: Alfred A. Knopf, 1965;

HOFSTADTER R, *The Progressive Historians: Turner, Beard, Parrington*, New York: Vintage Books, 1970;

HOFSTADTER R, *Social Darwinism in American thought 1860-1915*, Philadelphia: University of Pennsylvania Press, 1945;

HOWARTH S, *To Shining Sea: A History of the United States Navy 1775-1991*, London: Weidenfeld & Nicolson, 1991;

JENSEN R, DAVIDANN J, SUGITA Y(eds.), *Trans-Pacific Relations: America, Europe, and Asia in the Twentieth Century*, Westport: Praeger Publishers, 2003;

KELLEY R, *The Transatlantic Persuasion: The Liberal-Democratic Mind in the Age of Gladstone*, New York: Alfred A. Knopf, 1969;

KENNEDY P, *The Realities Behind Diplomacy: Background Influences on British External Policy, 1865—1980*, London: George Allen & Unwin, 1981;

LAFEBER W, *The New Empire: An Interpretation of American Expansion 1860-1898*, Ithaca, N.Y.: Cornell University Press, 1963;

LAFEBER W, POLENBERG R, *The American Century: A History of the United States Since the 1890s*, N.Y.: John Wiley & Sons, Inc. 1975;

LANGER W L, *The Diplomacy of Imperialism 1890-1902*, N.Y. & London: Alfred A. Knopf, 1935;

LLOYD T O, *The British Empire 1558-1983*, New York: Oxford University Press, 1984;

LOVE R, *History of the U.S. Navy 1775-1941*, vol.1, Harrisburg, P.A.: Stackpole Books, 1992;

MAHAN A T, *The Interest of America in Sea Power, Present and Future*, Boston: Little, Brown, 1898;

MAHAN A T, *The Influence of Sea Power upon History 1660-1783*, London: Sampson Low, Marston & Company, 1899;

MARDER A J, *The Anatomy of British Sea Power*, N.Y. & London: Alfred A. Knopf, 1940;

MAY E R, *Imperial Democracy: The Emergence of America as a Great Power*, New York: Harper & Row, 1961;

MAY E R, *American Imperialism: A Speculative Essay*, New York: Atheneum, 1968;

MCBRIDE W M, *Technological Change and the United States Navy, 1865-1945*, Baltimore: The John Hopkins University Press, 2000;

MCCORMICK T J, *China Market: America's Quest for Informal Empire 1893-1901*, Chicago: Quadrangle Books, 1967;

MILLER N, *The U. S. Navy: History* (3rd edition), Annapolis, Maryland: Naval Institute Press, 1997;

MORISON E E, BLUM J M, et al, (eds), *The letters of Theodore Roosevelt*, vol.1, Cambridge, Mass.: Harvard University Press, 1951;

OFFNER J L, *An Unwanted War: The Diplomacy of the United States and Spain over Cuba*, 1895—1898, Chapel Hill: University of North Carolina Press, 1992;

PERKINS D, *The Monroe Doctrine 1867-1907*, Baltimore: The John Hopkins Press, 1937;

PERKINS D, *A History of the Monroe Doctrine*, Boston: Little, Brown and Company, 1941;

PERKINS B, *The Great Rapprochement: England and the United States, 1895-1914*, New York: Atheneum, 1968;

PLETCHER D M, *The Diplomacy of Trade and Investment: American Economic Expansion in the Hemisphere, 1865-1900*, Columbia: University of Missouri Press, 1998;

PRATT J W, *Expansionists of 1898: The Acquisition of Hawaii and the Spanish Islands*, Baltimore: John Hopkins Press, 1936;

PRATT J W, *A History of United States Foreign Policy*, Prentice-Hall Inc., Englewood Cliffs, 1980;

REYNOLDS D, *America, Empire of Liberty: A New History*, London: Penguin Books Ltd., 2010;

ROOSEVELT T, LODGE H C, *Selections from the Correspondence of*

*Theodore Roosevelt and Henry Cabot Lodge, 1884-1918*, vol.1, New York: C. Scribner's Sons, 1925;

ROSENBERG E S, *Spreading the American Dream: American Economic and Cultural Expansion, 1890-1945*, New York: Hill & Wang/Farrar, 1982, p.49;

SCHLESINGER A M Jr., *History of the U.S. Political Parties*, vol.3, New York: Chelsea House Publishers, 1973;

SCHLESINGER A M Jr., *The Cycles of American History*, Boston, Mass.: Houghton Mifflin, 1986;

SKOCORONEK S, *Building a New American State: The Expansion of National Administration Capacities, 1877-1920*, Cambridge: Cambridge University Press, 1982;

SMITH N, *American Empire: Roosevelt's Geographer and the Prelude to Globalization*, Berkeley, CA: University of California Press, 2003;

SPROUT H H, *The Rise of American Naval Power, 1776-1918*, Princeton: Princeton University Press, 1944;

STRONG J, *Our Country: Its Possible Future and Its Present Crisis*, New York: Bible House, Astor Place, 1885;

STRONG J, *The New Era*, New York: Baker and Taylor Company, 1893;

STRONG J, *Expansion: Under New-World Conditions*, New York: Baker and Taylor Company, 1900;

TAUSSIG F W, *The Tariff History of the United States* (5th edition), New York: The Knickerbocker Press, 1910;

TAYLOR G R (ed.), *The Turner Thesis: Concerning the Role of the Frontier in American History*, Boston: Heath, 1956;

THAYER W R, *The Life and Letters of John Hay*, vol.2, New York: Houghton Mifflin Company, 1915;

TURNER F J, *The Significance of the Frontier in American History*, London: Penguin Books, 2008;

WIDENOR W C, *Henry Cabot Lodge and the Search for an American*

*Foreign Policy*, CA: University of California Press, 1983;

WILLIAMS R H, *Years of Decision: American Politics in the 1890s*, New York: John Wiley & Sons, 1978;

WILLIAMS W A, *The Shaping of American Diplomacy: Readings and Documents in American Foreign Relations, 1750-1955*, vol.1 (1750-1914), Chicago: Rand McNally & Company, 1956;

ZAKARIA F, *From Wealth to Power: The Unusual Origins of America's World Role*, Princeton, N.J.: Princeton University Press, 1998.

### 英文期刊

*Agricultural History*

*The American Historical Review*

*Journal of American Studies*

*The Mississippi Valley Historical Review*

*American Quarterly*

*The Business History Review*

*Presidential Studies Quarterly*

*The Economic Journal*

*The Forum*

*Montana: The Magazine of Western History*

*The North American Review*

*The Hispanic American Historical Review*

*Pacific Historical Review*

*Political Science Quarterly*

*The Journal of Modern History*

# 后 记

从事国际战略研究的时间长了，就摆脱不了这样一种感觉：美国是个无所不在的帝国。

不过要了解这个帝国绝非易事。因为工作，我能经常与美国官员、军人和学者打交道，又曾花相当一番气力研究19世纪欧洲国际关系史，自忖对西方的国际政治逻辑和传统有些心得，但在理解美国的政策方面总有隔膜，而美国人自己的解释（如理想主义和现实主义的滥调）无疑也难以令人满意。最终我选择回溯到某个历史的"原点"来看待这个问题。而所谓"原点"，就是后来帝国的所有要素及其运行规律都已具备，只等时机成熟后的充分发育和扩展；同时其逻辑关系还没有变得复杂，生成的机理也相对容易把握。从世界性帝国崛起的角度来看，美国历史上的最佳"原点"就是 19 世纪的最后十年，即 1890—1900 年。这一阶段以美国西部边疆的"关闭"为开头，以在华"门户开放"照会为结尾。这一"关"一"开"之间正好是美国从大陆扩张向海外扩张的转型期，也是一个不同于以往任何帝国形态的新型帝国的定型期。

那十年也是美国人物辈出的时代。特纳、马汉、布鲁克斯、西奥多·罗斯福、参议员洛奇等均在此时走上历史舞台。读他们的文章和书信能真切感到那个时代美国的冲劲，如果不过多考虑国际政治中"仁义道德"的话，应该也会对这样一批为了国家利益而干劲冲天的人心存敬意。不过，美国政治人物的文章和讲演都有点像啤酒，上面覆盖了厚厚一层宏伟言辞，飞腾张扬，也并非无味，但终究不是实质内容。这种传统一直延续到今天，可能也是妨碍人们了解其真实政策意图的一个因素。本书在研究和撰写中要努力廓清和发掘的，也正是这种美式言辞背后实质性的东西。

整本书的撰写是在我那本《脆弱的崛起：大战略与德意志帝国的命运》完稿后才开始的，虽然全力以赴，但集中研究的时间终究有限，自己的知识储备也不够。所幸学友们给予了无私的支持，像中国人民大学的吴征宇老师和李晨老师，北京大学的于铁军老师，北大历史系博士生任燕翔、国关院博士生康杰，不仅牺牲宝贵时间向我推荐和提供各种资料，还常常与我就其中的一些问题详细讨论，我的很多思路都是从这种"学术闲谈"中慢慢理清的。在这里向他们表示衷心的感谢。

最后想说的是，历史与现实之间永远是一种深层的互动关系，所以历史观本质上也是世界观。但是，两者只能是一种哲学意义上的相互映现，而不是庸俗化的对照。德国"统一战争"的军事总指挥、克劳塞维茨之后德国最伟大的军事思想家赫尔穆特·冯·毛奇（老毛奇）高度推崇历史研究，但也反复告诫后人：永远不要带着问题去研究历史，不要试图从历史中去找答案。这句话始终伴随着我的研究过程。

始于一页，抵达世界
Humanities · History · Literature · Arts

出品人　范　新

品牌总监　恰　恰

版权总监　吴攀君

印制总监　刘玲玲

营销总监　张　延

装帧设计　陈威伸

内文制作　燕　红

**Folio (Beijing) Culture & Media Co., Ltd.**
Bldg. 16C, Jingyuan Art Center,
Chaoyang, Beijing, China 100124

一页 folio
微信公众号

官方微博：@一页 folio｜官方豆瓣：一页 folio｜联系我们：rights@foliobook.com.cn